AF274347

TEATRO

AUTORAS Y AUTORES
DE TEATRO

© Tomás Afán Muñoz, Tony Casla, Borja de Diego, Julio Fernández Peláez, Alberto Fonseca, Sagra García Vázquez, Esmeralda Gómez Souto, Elena Guevara, Cristina Hermida, Víctor Iriarte, Miguel Ángel Jiménez Aguilar, Nani de Julián, José Aurelio Martín, Tamara Monzón, Antonio Miguel Morales Montoro, Antonio Oliveira, Roberto Osa, Francisco Ramírez, Teresa Ruiz Velasco, David Salmerón, Beatriz Velilla, 2024

TEATRO BREVE JUVENIL 14

EL TAMAÑO NO IMPORTA

 AUTORAS Y AUTORES
DE TEATRO

Índice

Entremes de los engañosos amantes

Tomás Afán Muñoz

PEDRO PABLO
    Ella es la mujer que amo,
    la hermosa María Encarnita,
    es tan dulce y tan bonita
    que no le puedo decir,
    a semejante tesoro,
    que la quiero, que la adoro,
    pues, de mí, se va a reír.

MARÍA ENCARNITA
    Pero, si es Pedro Pablo,
    ¿le hablo o no le hablo?
    ¿Estoy loca?, no debo hablarle,
    él es tan bello y galán,
    y yo tan poquita cosa,
    que jamás podré aspirar
    a ser su amante o esposa.

PEDRO PABLO
    Aay.

MARÍA ENCARNITA
    Aay.

AMBOS
  ¿Suspiráis?

AMBOS
  Tal parece.

PEDRO PABLO
  (Aparte.) No tolera mi presencia.

MARÍA ENCARNITA
  (Aparte.) Está claro, me aborrece.

PEDRO PABLO
  No quisiera molestaros.

MARÍA ENCARNITA
  Si os molesto, he de marchar.

PEDRO PABLO
  Os ruego, por Dios, quedaros.

MARÍA ENCARNITA
  No agrandéis mi soledad.

PEDRO PABLO
  (Aparte.) Que me aprecia, está fingiendo.

MARÍA ENCARNITA
  (Aparte.) Me engaña, es tan gentil.

MARÍA ENCARNITA
  Adiós, me tengo que ir.

PEDRO PABLO
  Y yo, me tengo que ir yendo.

Pedro Pablo
  (Aparte.) Me abandona, qué tristeza.

María Encarnita
  (Aparte.) Si se marcha, desfallezco.

Pedro Pablo
  (Aparte.) Se va, mi martirio empieza.

María Encarnita
  (Aparte.) Qué dolor de amor padezco.

Pedro Pablo
  He vuelto porque quizás
  podríais, vos, contestar,
  a una duda que yo tengo,
  y para preguntaros vengo.

María Encarnita
  Decídmela, pues, señor,
  por si os pudiera ayudar.

Pedro Pablo
  Es que sufro por amor.

María Encarnita
  (Aparte.) Mi corazón va a estallar.
  (A él.) Y, decidme, ¿a quién amáis?

Pedro Pablo
  No os lo puedo revelar,
  porque amo yo a una dama,
  tan bella, que no sé hablarle.

María Encarnita
  (Aparte.) Es claro que no me ama.

(A él.) Quisiera, yo, confesarle,
que también amo, señor,
a un hombre tan especial,
que no sé decirle mi amor.

PEDRO PABLO
(Aparte.) Es claro que tengo un rival.
(A ella.) Pues, se me ocurre, señora,
que, si queréis comprobar,
si vuestro amante os adora,
tal, se puede averiguar
de la siguiente manera:
Decidle, vos, que sin tardar,
acuda a este mismo lugar,
que, aquí, le estaré, yo, esperando,
y mientras le esté, yo, probando,
os pido que vos acudáis,
y de ese modo, al fin, veáis,
la verdad de vuestro amado.

MARÍA ENCARNITA
Tal me parece acertado,
y acudiré, como decís,
pero, ya que eso me pedís,
os ruego, yo, por mi parte,
le digáis a vuestra amante,
que acuda al mismo lugar,
para, también, comprobar,
si su amor es verdadero.

PEDRO PABLO
Ella vendrá.

MARÍA ENCARNITA
Así lo espero.

PEDRO PABLO
Pues, ya me lo ha confirmado.

MARÍA ENCARNITA
¿Tan pronto?

PEDRO PABLO
Con ella he hablado.

MARÍA ENCARNITA
Y, os puedo garantizar,
que mi amado está al llegar,
que, así, me lo ha hecho saber.

PEDRO PABLO
(Para sí.) Es raro su proceder.

MARÍA ENCARNITA
(Para sí.) Yo, ya, no sé que pensar.

PEDRO PABLO
Pues, entonces, me retiro.

Él hace mutis.

MARÍA ENCARNITA
Parece, que ya se ha ido.
Debo pensar, con cuidado,
la industria que seguiré
para mostrarle a mi amado
que no existe otra mujer
tan fiel, como yo, a su lado.
Esto es lo que voy a hacer:
cuando venga con su amante,
habré buscado, yo, antes,

a algún apuesto varón
que la sepa seducir
con tal ternura y tesón
que no se pueda resistir.
Y una vez conquistada
esa mujer mentirosa,
le confesaré, yo, gustosa,
que, de él, estoy enamorada.
Correré, pues, a buscar
a ese caballero errante
tan hermoso y tan galante
que la pueda conquistar.
Mas, no sé si podré hallar
a un hombre tan singular.
Pero, aunque a tal hombre no vea,
estoy pensando otra idea.

Vase.
Entra en escena PEDRO PABLO, *vestido de mujer.*

PEDRO PABLO
Vestido con este disfraz,
le podré demostrar
a mi inocente amada,
que está siendo engañada,
por ese seguro tunante,
que finge ser su fiel amante.
Y me he puesto así de hermosa,
para proponerle amores,
besos, caricias amorosas,
y cuando esté caliente la cosa,
y conmigo se propase,
le diré a mi amada que pase,
para que, de este modo, vea,
que la cosa está muy fea,

y que, a quien ella amaba,
le era infiel y la engañaba.
El galán aún no ha llegado,
buscaré por este lado.

Vase.
Entra ella, disfrazada de hombre.

María Encarnita
Nadie llegó, todavía,
vengo, con este disfraz,
pues no hallé hombre capaz
de aparentar tal valía,
tal gracia y tal calidad
como el engaño requiere,
para demostrar a mi amado
que esa mujer no le quiere.
Mas, ¿quién será aquella dama
que tanta gracia derrama?
Es, sin duda, mi rival,
por su belleza sin par.

Pedro Pablo
Aquí da comienzo mi plan,
pues, sin duda, ese galán
es, aquel, que voy buscando,
mas, rediós, estoy pensando,
que es tan bello, el condenado,
tan apuesto y bien plantado,
que a semejante rival,
no me puedo comparar.

María Encarnita
He de empezar a actuar.

El fingido caballero deja caer su pañuelo, coqueto.

PEDRO PABLO
Se os cayó este pañuelo.

MARÍA ENCARNITA
Noble dama, sois muy gentil.

MARÍA ENCARNITA
(Aparte.) Cuanta dulzura derrama.

PEDRO PABLO
(Aparte.) Es tan hombre y varonil.

MARÍA ENCARNITA
(Aparte.) Mas, volveré a la comedia.

PEDRO PABLO
(Aparte.) He de seguir el engaño.

MARÍA ENCARNITA
Humm.

PEDRO PABLO
¿Eh?

MARÍA ENCARNITA
¿Qué?

PEDRO PABLO
Nada.

PEDRO PABLO
(Aparte.) Le gusta mi conversación,
está la cosa encauzada.

MARÍA ENCARNITA
(Aparte.) La tengo medio conquistada

con mi hábil palabrería.
Pero, he de tener, todavía,
tacto, para no espantarla.

PEDRO PABLO
(*Aparte.*) Tendré que actuar con calma.

MARÍA ENCARNITA
(*Aparte.*) He de tener, por si acaso,
cuidado en el segundo paso.

PEDRO PABLO
(*Aparte.*) Le hablaré con suavidad.

MARÍA ENCARNITA
¡¡¡Dame un beso, sin tardar!!!

PEDRO PABLO
¡¡¡Déjame besarte, ahora!!!

MARÍA ENCARNITA
¿Qué?

PEDRO PABLO
¿Qué?

PEDRO PABLO
Os tomáis gran libertad.

MARÍA ENCARNITA
No sé qué pensar, señora.

Se besan.

MARÍA ENCARNITA
(*Aparte.*) Por Dios, qué maravilla.

17

PEDRO PABLO
(Aparte.) Este beso, me ha encantado.

MARÍA ENCARNITA
(Aparte.) Es la mujer de mi vida.

PEDRO PABLO
(Aparte.) Creo que estoy enamorado.

PEDRO PABLO
(Aparte.) Pero, atención, su amante está cerca.

MARÍA ENCARNITA
(Aparte.) Cuidado, está cerca, su amado.

PEDRO PABLO
(Aparte.) Y yo, qué sucio traidor.

MARÍA ENCARNITA
(Aparte.) He traicionado a mi amor.

PEDRO PABLO
Lo nuestro, es imposible.

MARÍA ENCARNITA
Hasta siempre, vida mía.

PEDRO PABLO
Oh, qué destino, terrible.

MARÍA ENCARNITA
Debo dejaros, ¡qué agonía!

PEDRO PABLO
¿Qué?

María Encarnita
¿Qué?

María Encarnita
Yo que soñé con teneros
de amante y fiel esposa.

Pedro Pablo
Yo habría aceptado gustosa;
que estaba, yo, deseosa,
de abrazaros, de cogeros.

María Encarnita
Y yo también, de complaceros,
mas, soltadme, sois fogosa.

Pedro Pablo
Perdonadme, caballero.

Pedro Pablo
Ahora, he de marchar.

María Encarnita
Sed feliz con vuestro amado.

Pedro Pablo
Y vos, volved a su lado.

María Encarnita
Pero, no puedo irme así.

Pedro Pablo
Yo, no puedo resistir.

Se abrazan.

MARÍA ENCARNITA
Seré vuestro o de nadie.

PEDRO PABLO
De vos no me van a apartar.

PEDRO PABLO
Mas, os debo confesar,
que parezco lo que no soy.

MARÍA ENCARNITA
¿Qué decís?

PEDRO PABLO
Que me voy,
por haberos engañado.
Sabedlo: soy un hombre.

MARÍA ENCARNITA
Comprended que me asombre.
Y, no os sintáis afligido,
que yo, también, he mentido,
que soy una mujer.

PEDRO PABLO
No lo puedo, yo, creer.

MARÍA ENCARNITA
Ni yo.

PEDRO PABLO
Me quitaré mi disfraz.
Veréis que es cierto lo que hablo.

MARÍA ENCARNITA
Pero, si sois Pedro Pablo.

María Encarnita
Miradme con atención.

Pedro Pablo
Sois María de la Encarnación.

Se abrazan.

María Encarnita
No os merezco, soy culpable.

Pedro Pablo
Señora, dejadme que hable.

María Encarnita
¿Qué decís?

Pedro Pablo
¿Vos culpable?

María Encarnita
Hablad, que quiero saber.

Pedro Pablo
¿Qué hacíais con esa mujer?

María Encarnita
Sabed que yo estoy celosa.
Explicadme, pues, una cosa,
Que no acierto a comprender...

Pedro Pablo
Mas el público que aquí ves
No tiene porqué sufrir
Tal riña de enamorados.

MARÍA ENCARNITA
Pues nos tendremos que ir.

PEDRO PABLO
Pero pongamos, fin, antes
a este entremés titulado.

MARÍA ENCARNITA
Los Engañosos Amantes.

A.QUÍ, S.Í

Tony Casla

GABRIEL, *un chico de diecisiete años, se conecta al programa BORN-BURN (B-B) de videollamadas en directo.*

B-B
Conectando... 3, 2, 1.

GABRIEL
(A una chica de su edad que ve en la pantalla.) ¡Hola!

CHICA
Hola, ¿cómo estás?

GABRIEL
Aquí... Bien... ¿y tú?

CHICA
Igual que ayer. Igual que antes de ayer. Igual/

GABRIEL
(Cortándola.) Vale, vale. *(Teclea.)*

B-B
Resintonizando.

CHICA
Te he echado de menos.

GABRIEL
¿De verdad?

CHICA
Sí, mucho.

GABRIEL
Vuélvemelo a decir.

CHICA
¿Qué frase?

GABRIEL
La seis.

CHICA
Te he echado de menos.
(Pausa.)
¿Por qué cierras los ojos? No lo entiendo.

GABRIEL *teclea algo.*

B-B
Resintonizando.

CHICA
¿Gabriel?

GABRIEL
¿Qué?

CHICA
¿Sigues enfadado?

GABRIEL
Sí.

CHICA
¿Por qué?

GABRIEL *vuelve a teclear algo y pulsa «intro».*

B-B
Resintonizando. Información admitida.

CHICA
Tienes que empezar a perdonarme.

GABRIEL
No puedo.

CHICA
¿Qué tal la terapia?

GABRIEL
Es una mierda.

CHICA
Pero tienes que ir, ¿me oyes?

GABRIEL
¿Tú ibas?

CHICA
Claro que iba.

GABRIEL
Al final, no.

CHICA
Cierto. Es muy importante que vayas, por favor.

Silencio.
El programa BORN-BURN hace saltar una alarma de inactividad. GABRIEL *teclea.*

B-B
Actualizando.

GABRIEL
¿Has hablado con mamá estos días?

CHICA
No. Hace veintidós días, cinco horas y treinta y seis minutos que no se conecta. ¿Cómo está?

GABRIEL
Mal.

CHICA
Ya…

GABRIEL
Me das asco.

CHICA
Gabriel, por favor, no empieces.

GABRIEL
No, si no empiezo. Sigo. Sigo igual que ayer, que la semana pasada y que hace dos. Sigo. Y no se me va. Me quema algo por dentro y no se me va.

CHICA
Puedo facilitarte el número de los bomberos, de emergencias o de protección civil.

Gabriel *teclea algo en el ordenador.*

B-B
Información admitida.

Chica
Por eso es tan importante la terapia, Gabriel. Para que se vaya.

Gabriel
¡Tú qué sabrás, máquina de mierda! ¡Tú qué sabrás de mi hermana! *(Llora.)*

Chica
No llores, Gabriel.

Gabriel
Mi hermana no me llamaba Gabriel. *(Teclea algo en el ordenador.)*

Chica
Gabi…

Gabriel
¿Qué?

Chica
Tienes que empezar a perdonarme.

Gabriel
No puedo.

Chica
Mírame. Te queda una sesión más. Perdóname.

GABRIEL

(Gritando, enfadado.) ¡No puedo perdonarte! ¡No puedo perdonar que me hayas dejado así porque eres una puta egoísta de mierda! ¡Nos has dejado muertos en vida, joder! ¿Quién puede soportar tanto dolor? No puedo perdonarte que no vaya a verte nunca más. No puedo perdonarte que no me vayas a echar la bronca nunca más. Eso no se puede perdonar, ¿lo entiendes, puta máquina? ¡Lo entiendes? ¿Qué le voy a contar a mis amigos, a mis hijos? ¿Que mi hermana se fue porque no podía más? ¿Y que ahora los que no podemos más somos siete personas? Yo creía que me querías. Yo creía que cuando sonreías era de verdad. Yo creía que era una razón para que tú estuvieras aquí. Y me mentiste. Mucho. Siempre.

CHICA

Siempre. Eso es. Siempre estaré.

GABRIEL

(Con ira.) ¡Cállate! ¡Cállate ya, máquina! Tú no eres mi hermana. ¡Quiero que vuelva mi hermana! Por favor…

CHICA

Gabi… Mira, anda, tonto. *(La chica creada por IA hace muecas.)* Canta conmigo, venga. Nuestra canción, ¿vale?

GABRIEL

¿La de Paloma San Basilio?

CHICA

Sí. *(Canta.)* Juntos, un día entre dos, parece mucho más que un día…

GABRIEL

Juntos, amor para dos, amor en buena compañía… Cantas mejor que mi hermana.

CHICA
    ¡Oye! Aquí se aprenden cosas.

GABRIEL
    ¿Estás bien allí?

CHICA
    Aquí, sí.

A L.V.

Qué futuro

Borja de Diego

*El despacho del director: una gran mesa de caoba, un mapa de
España fijado con chinchetas en la pared, alguna que otra orla
enmarcada y un globo terráqueo colocado en algún sitio. En una
silla aguarda* ELOY, *un muchacho de quince años. Enfrente,
aunque por su traje impecable se le vea más pinta de empresario
que de docente,* DON JOSÉ MARÍA *leyendo un informe.*

DON JOSÉ MARÍA
¿Otra vez, Eloy?

ELOY
…

DON JOSÉ MARÍA
¿Qué ha sido esta vez?

Silencio.

DON JOSÉ MARÍA
¿Eloy?

ELOY
Nada.

DON JOSÉ MARÍA

Me ha dicho don Juan Carlos que estabas graciosete en clase.

ELOY

Para nada...

DON JOSÉ MARÍA

Pues él dice que te ha visto muy parlanchín. Por eso te ha mandado aquí, para que hables todo lo que quieras conmigo.

ELOY

Estábamos en Ética. Se supone que tenemos que hacer eso, hablar, ¿no?

DON JOSÉ MARÍA

(Frunce el ceño y revisa los papeles sobre su mesa.) Tenéis que hablar, sí... Tenéis que hablar del tema que os plantee el profesor. Y no de... *(Comprueba los papeles.)* gobiernos anarquistas.

ELOY

El tema eran las sociedades del futuro.

DON JOSÉ MARÍA

Pues eso: las sociedades del futuro.

ELOY

Don Juan Carlos nos ha soltado una perorata de las suyas, nos la hemos tragado sin decir nada. Y entonces he pedido la palabra yo. ¿Cuál es el problema?

DON JOSÉ MARÍA

Hay que respetar siempre al profesor, Eloy, también cuando hace de moderador...

ELOY

(Le interrumpe.) A don Juan Carlos le gusta hablar, más que a nadie. Después pide que participemos, que hablemos nosotros… pero solo quiere escucharse él.

DON JOSÉ MARÍA

¿De dónde te sacas eso?

ELOY

He pedido la palabra y he terminado aquí.

DON JOSÉ MARÍA *vuelve a mirar sus papeles.* ELOY *aguarda.*

DON JOSÉ MARÍA

Has terminado aquí porque has reventado el debate que planteaba tu profesor. Teníais que hablar de los modelos sociales del futuro y has salido con esta cosa del anarquismo… Muy original, sí. Tú siempre eres muy original…

ELOY

Él quería propuestas. Esa es la mía.

DON JOSÉ MARÍA

¿Cuántas sociedades anarquistas conoces, Eloy?

ELOY

Son las del futuro. Aún no existen.

DON JOSÉ MARÍA

Muy listo eres tú…

ELOY

No, yo… Le escuché algo parecido al poeta ese que nos trajeron a clase. Nos habló de la utopía, ¿sabe lo que es? ¿Lo ha escuchado alguna vez…? Pues las utopías plantean mundos que todavía no existen. Y decía que es la única manera de imaginar soluciones a los problemas que tenemos.

DON JOSÉ MARÍA *suspira. Vuelve a sus papeles.*

DON JOSÉ MARÍA
En Literatura no haces estas cosas.

ELOY
Literatura me gusta.

DON JOSÉ MARÍA
Hablemos claro, Eloy: ¿qué está pasando?

Silencio.

DON JOSÉ MARÍA
Hoy es esto. La semana pasada, el nuevo profe de Filosofía. Te quitamos de Religión porque te dio por proclamar aquello de que nadie ha podido probar la existencia de ningún dios…

ELOY
¡Pero es verdad!

DON JOSÉ MARÍA
Y no me olvido de la subida de azúcar que le dio al padre Otero, cuando le preguntaste qué había sido de San José después de que Cristo se hiciera mayor…

ELOY
Es que no tiene sentido. Está en el portal de Belén y después deja de salir en el libro.

Don José María
El pobre Otero, todavía andará rebuscando en la Biblia…
(*Suspira.*) No eres mal estudiante, Eloy. Sacas buenas
notas, rindes, pero de un tiempo a esta parte…

Eloy
(*Salta.*) Eso es todo lo que os importa.

Don José María
¿Perdón?

Eloy
Que saquemos buenas notas, ya está. ¿Para qué? Para sus
estadísticas, ¿no? Mirad qué buena media tenemos…
(*Firme.*) Pues yo las saco, don José María. Las saco. Cumplo
mi parte.

Don José María
Nos preocupa tu expediente académico, Eloy, como el de
todos los alumnos. Es nuestra obligación. Y a ti también
debería preocuparte, por cierto... no todo son las notas. Es
importante, muchacho. Estamos hablando de tu futuro.

Eloy
¿Mi futuro?

Don José María
Tu futuro, sí. En eso trabajamos aquí.

Eloy
¿Qué futuro?

Don José María
No me contestes, Eloy.

ELOY

Que qué futuro.

DON JOSÉ MARÍA

El futuro que te espera si no nos haces caso.

Silencio.

ELOY

En Naturales estudiamos el cambio climático, cómo los icebergs se van al carajo y sube el nivel del mar. Cada verano contamos las olas de calor y vemos en la tele huracanes y temporales bárbaros. Mientras estudiamos que cada vez irán a más, o a peor, en la tele hay gente de su edad, la suya, no la mía, gritando que si todo es una mentira de no sé quién. En Geografía aprendemos que la pirámide poblacional está al revés, cuatro viejos por cada joven. Nos preparáis para encontrar un trabajo, con suerte un trabajo digno, con un sueldo que usted o mis padres se dignarían a aceptar. Porque nos decís que tenemos oportunidades, pero vosotros no las cogeríais, porque lo que es bueno para nosotros, para vosotros es miseria. ¿Esto es normal? Mi hermano mayor lleva seis años de contratos que en la Seguridad Social le reconocen que son basura. Así se lo han dicho a la cara, a la puta cara: «contrato basura», pero no hacen nada. Hoy trabaja por cuatro duros y mañana lo echan, porque parece que todos sus jefes se han puesto de acuerdo en que si le pegan una patada a una piedra salen diez como él. Jefes que no tienen sus estudios, ni siquiera el Bachiller que me quiero sacar yo, pero después viene don Juan Carlos a hablarnos de mierdas como la meritocracia y el esfuerzo. Esforzarme en qué, me pregunto. Esforzarme el día que tenga trabajo y me paguen en mojones para buscar una casa donde vivir, esforzarme en vivir con solo un riñón y un pulmón para pagarla. Pero esforzarme para qué, si el planeta se va al carajo; si mientras yo estaba confinado en casa mi padre se saltaba los controles de la policía, porque decía que mucha pandemia, pero él se agobiaba; si en Ucrania hay una guerra... En Ucrania, el país justo al lado de Polonia, donde estuve de vacaciones hace dos veranos. El año pasado estudiamos la OTAN y por eso sé que si una bomba cae allí, allí donde me arrastraron a ver museos y palacios viejos, si cae una bomba por accidente, por error o porque a un imbécil con bombas le da la gana, mi país entra en guerra. Todo esto mientras veo en Twitter cómo exterminan a los palestinos sin que nadie diga nada, cómo matan a chicos de mi edad y no pasa nada. Bueno, sí pasa: los políticos se insultan, tienen claro que todos son unos ladrones; mis mayores votan a los nuevos nazis y la prensa digital que nos manda leer don Juan Carlos nos da consejos para sobrevivir a una bomba atómica o nos cuenta que cada día estamos más cerca de la III Guerra Mundial. Y pienso que tal vez debería estallar esa guerra o esa bomba atómica. Así nos moriríamos ya, antes de que nos asfixie toda la contaminación que generamos para que alguien, ni usted ni yo, se siga forrando sin límites. ¿Ese futuro dice usted?

Largo silencio.

ELOY

Por eso... escuché las chorradas de don Juan Carlos y dije que la única sociedad que se me ocurría para ese futuro era una anarquista. Porque si vamos a estar jodidos, al menos vayamos de frente. Y tal vez así, sin leyes, asumiendo el caos...

DON JOSÉ MARÍA

(Le interrumpe.) Suficiente, Eloy. Vamos a ver... Sabes perfectamente lo que tienes que hacer y lo que no, así que...

ELOY
¿No tengo que hablar en Ética?

La conversación se le ha hecho demasiado larga a DON JOSÉ
MARÍA.

DON JOSÉ MARÍA
Es muy fácil jugar a ser progre.

ELOY
Más fácil es jugar a ser funcionario o profesor…

DON JOSÉ MARÍA
No me repliques.

ELOY
Don Juan Carlos tiene la vida resuelta. Usted también. Y
se comportan como si ese mundo que nos dejan no fuera
responsabilidad suya…

DON JOSÉ MARÍA
¡Cállate!

ELOY
…

DON JOSÉ MARÍA
Funcionario o no, soy el director de este centro. Tu director.

ELOY
…

DON JOSÉ MARÍA
En este centro tenemos un protocolo. Cíñete a tu rol de
alumno y obedece a tu profesor en clase. Hoy sales de

aquí con un parte. Al tercero, expulsión. A ver qué piensan tus padres de eso... ¿Entendido?

ELOY

...

DON JOSÉ MARÍA
Contéstame. ¿Entendido?

ELOY
Entendido.

Pesa el silencio.

ELOY
¿Hemos terminado?

DON JOSÉ MARÍA
Hemos terminado.

ELOY *se levanta y se dispone a marcharse. Antes de que salga, cae el oscuro.*

Despedirse o no

Julio Fernández Peláez

.— ¿Escuchas el sonido de los misiles llegar?
.— Cada día a todas horas.
.— Los niños no pueden dormir. Están asustados.
.— Deberíamos despedirnos.
.— Quizá paren de repente, tal vez...
.— Deberíamos despedirnos. Tú y yo. Y de ellos.

Silencio seguido de un fuerte estruendo en la lejanía.

.— No sé qué es mejor, si permanecer aquí o salir a la calle y dormir entre los escombros.
.— Hace frío. Ningún sitio es seguro.
.— Las despedidas son tristes.
.— A nadie le gustan las despedidas.
.— Y sin embargo están llenas de afecto. ¿Te das cuenta? Si una despedida es fría, deja de ser despedida. Es de los pocos momentos en la vida que las lágrimas llegan puntuales, con una puntualidad asombrosa en un país sin trenes que salgan hacia ningún lado.
.— Debemos despedirnos, pero sin que ellos sepan que se trata de una despedida.
.— Tengo miedo.

41

.— ¿Y quién no?

.— Nos sepultarán vivos. ¿Funciona el móvil?

.— Aún tiene algo de batería. ¿Pero para qué lo necesitas? Nadie vendrá a rescatarnos.

.— Tendremos más oportunidades. Un móvil emite señales.

.— No hay excavadoras para remover las ruinas.

.— Pero habrá quien sobreviva y con sus manos intentará rescatarnos.

.— Podríamos grabar la explosión, el derrumbe...

.— El mundo está harto de testimonios de guerra. El mundo no quiere ver más crímenes en directo, el mundo se ha vuelto tan obsceno que pide para el consumo nuevas e inéditas obscenidades.

.— El mundo es complejo. Pero todavía hay personas sensibles.

.— No entre quienes lo manejan.

Silencio seguido de un fuerte estruendo en la lejanía.

.— Sonó más cerca. ¿No crees?

.— No sabemos.

.— O explotó más cerca o era más potente, una de dos.

.— ¿Cuántas toneladas han tirado hasta ahora?

.— Tantas como sean capaces de comprar en el mercado.

.— Siempre hay quien se frota las manos.

.— Siempre hay quien se llena los bolsillos.

.— Son cuentas corrientes.

.— Son ríos de sangre.

.— Son océanos de silencio.

.— Qué pena, pensar que sea tan corriente que solo el dinero pueda con todo.

.— La pena no es eso, la pena es la muerte inútil y las heridas irreparables.

.— ¿Tú crees que damos pena en alguna parte? Hay manifestaciones de rabia en diversas ciudades.

.— La rabia y la pena no son suficientes.

. — Deberíamos despedirnos.

. — ¿Y cómo?

. — Con un abrazo que dure toda la noche.

. — Sospecharán que es una despedida.

. — Yo la necesito, necesito esa despedida. ¿Lo entiendes?

. — Hay que ser fuertes.

. — ¿Nos queda agua?

. — No.

. — Quizá por la mañana lleguen camiones...

. — No habrá amanecer, lo presiento.

. — No podemos caer en el pesimismo.

. — No hay forma de alegrarse ni una pizca. ¿Qué quieres? Si no es hoy, será otro día.

. — Pronto la ONU dictará una resolución de alto el fuego.

. — Eso no lo verán mis ojos.

. — Si perdemos la esperanza, el dolor será aún más intenso.

. — ¿Y el odio? ¿Por qué tanto odio?

. — Y tanta soledad.

. — Y tanto abismo.

. — Y tanta injusticia.

. — ¿Cómo ha de ser el abrazo?

. — ¿El de despedida?

. — Sí.

. — Suave, muy suave. Para que no se despierten.

. — Tienen los ojos abiertos.

. — Esperaremos a que los cierren.

. — ¿Por qué no preguntan?

. — Ya lo saben todo. No hay manera de ocultar la verdad.

. — No hay forma de tapar el futuro.

. — El futuro es adolescente.

. — Pero no hay mantas suficientes en el planeta.

. — El futuro no las necesita.

Silencio seguido de un insoportable estruendo en la lejanía.

.— Necesito esa despedida. Cuanto antes. Es urgente.

.— Espera.

.— No puedo.

.— Espera.

.— Si esperamos más, la despedida nunca la haremos.

.— ¿Y no sería mejor...?

.— Te lo he dicho: necesito esa despedida. Ahora mismo. No puedo más.

.— Yo también la necesito. Pero tienes que reconocer que no es buena idea.

.— ¡¿Y qué es buena idea?!

.— Si no nos despedimos será como conjurar la muerte, en cambio...

.— Supersticiones.

.— No lo hagamos. Dejemos que pase el tiempo, sin más.

.— Siguen con los ojos abiertos.

.— Por eso.

.— La vida es una desgracia cuando sabes que...

.— No digas esas cosas.

.— La vida no nos puede quitar lo más valioso, pero nos lo quita.

.— La vida no nos pertenece.

.— ¿Y a quién le pertenece? ¿A Dios? ¿Al destino?

.— Al azar. A que un misil apunte con avaricia hacia este edificio.

.— Todo lo visible es ya una devastación sin límites.

.— Todo es una devastación en todos los sentidos, no solo para la vista.

.— ¿Es que no tienen alma? ¿Es que no tienen alma quienes mandan, quienes ejecutan?

.— La tienen: cruel y despiadada.

.— No hay almas así.

.— Las hay, y muchas.

.— Deberían llamarse de otra manera.

.— ¿Cómo?

.— Simplemente instinto, simplemente…

.— ¿Y la conciencia? ¿Qué papel juega la conciencia?

.— Esa fue la primera víctima. Siempre es así cuando estalla...

.— Necesito…

.— ¿Ya?

.— No puedo más. Te lo aseguro.

.— Corre, vete. Pero que sea rápida, por favor…

.— Una despedida rápida.

.— Tan rápida como puedas.

.— Reza para que no sea la última.

.— No te demores.

.— Será un beso de buenas noches, nada más.

Silencio seguido de un simple estruendo.

Tres soledades

La visión del silencio

Alberto Fonseca

En escena Juan *y* María, *sentados, mirando al frente.*
Entre el público, la Directora.
La escena comienza precedida de un silencio.

Juan
La soledad debe ser esto.

María
(Tras una pausa «dramática».) Estoy preocupada.

Juan
Y yo.

Silencio.

María
¿Y qué propones?

La Directora *se levanta del público y entra a escena.*

Directora
¿Volvemos a empezar, vale? Recordad: tenéis que agarrar

los momentos que surgen de manera espontánea. ¿Qué estáis actuando?

MARÍA
Una escena de pareja… ¿no?

JUAN
Sí, yo he sentido eso.

DIRECTORA
Necesito que os olvidéis de los clichés. Tenéis que ir al fondo, a lo que haga única esta escena.

MARÍA
De acuerdo.

JUAN
Totalmente.

MARÍA
Lo siento.

JUAN
Yo también lo siento.

DIRECTORA
¡Parad! No pidáis perdón. Hacedlo. Desde la primera frase. Sorprendeos. A lo mejor no tenéis que ser novios.

Silencio.

JUAN
La soledad debe ser esto.

MARÍA
Eres un *rayao*, tío. No puedes ponerte así por esta.

JUAN

Era especial.

MARÍA

No me seas cursi, anda. Hazte Tinder.

JUAN

No me gusta.

MARÍA

(Golpeándole.) ¡Que hay muchos peces en el mar, tío!

DIRECTORA

(Cortándoles.) A ver, María… ¿En algún momento te he pedido que te convirtieras en un gorila hetero para hacer esta escena?

MARÍA

Me ha salido así…

JUAN

Yo tampoco te he ayudado. Perdón.

MARÍA

No, no, Juan, perdóname a mí.

DIRECTORA

¡Silencio! No pidáis perdón. ¡Estamos actuando, no operando a corazón abierto! *(Pausa.)* Perdonad, chicos. Ahora estáis asustados porque me he puesto borde que te cagas.

MARÍA

No se preocupe. Sabemos que lo hace por nuestro aprendizaje.

JUAN

Sí, he aprendido mucho.

DIRECTORA

No, no, ahora no seáis pelotas. Ha sido culpa mía, no pasa nada. Vamos a ir desde el inicio. ¿Habéis sido conscientes del primer silencio? Antes de empezar la escena.

JUAN

Sí.

MARÍA

Yo también.

DIRECTORA

¿Por qué has decidido hablar de la soledad justo en ese momento?

JUAN

No sé, supongo que cuando me siento solo, soy más consciente del silencio.

MARÍA

A mí también me pasa. No soporto ni la soledad ni el silencio.

DIRECTORA

Esto es interesante. *(Pausa.)* Si os fijáis, todos estamos solos, aunque estemos acompañados de personas en el día a día. No hay soledad sin silencio.

> JUAN *y* MARÍA *se miran un tanto confundidos. La* DIRECTORA *parece estar en otra galaxia.*

JUAN

Estoy un poco perdido…

MARÍA
Sí, yo tampoco sé muy bien a dónde quiere llegar con todo esto.

DIRECTORA
Vamos a volver a empezar, pero sin silencio al principio. En cuanto me siente, comenzáis. Con coraje, con valentía, como debe ser el teatro y como debe ser la vida.

JUAN y MARÍA siguen confundidos y nerviosos mientras la DIRECTORA va a sentarse.
En cuanto se sienta, comienza la escena. A pesar de la indicación, hacen un silencio.

BLANCA
¿La ves?

JAVI
¿A quién?

BLANCA
A la señora mayor que está allí sentada. Parece que nos observa.

JAVI
Bueno, a lo mejor está empanada.

BLANCA
Yo creo que no. Nos está mirando claramente.

JAVI
Me recuerda a mi abuela.

BLANCA
¿La has visto algún otro día?

JAVI
¿Qué pensará de nosotros?

BLANCA
¿Qué piensas tú de ella?

JAVI
Que la soledad es eso.

BLANCA
¿El qué?

JAVI
Pues eso. Mirar, estar sentada. El silencio.

Silencio.

BLANCA
¿Y nosotros?

JAVI
¿Nosotros qué?

BLANCA
Que si nosotros estamos solos.

DIRECTORA
Eso es, por ahí va bien. Paramos por ahora. Vamos a volver a empezar.

JAVI
¿Por qué me preguntas esto ahora?

BLANCA
No lo sé.

JAVI
¿Te sientes sola?

DIRECTORA
¡Hey, chicos, ya está! Soltad, soltad.

La DIRECTORA *empieza a rodearles, les chasquea, se pone cerca de ellos; pero no se inmutan.*

BLANCA
Perdona.

JAVI
Qué manera de fastidiar una tarde.

BLANCA
Quería hablar contigo de todos modos.

JAVI
Pues haber buscado otro momento.

BLANCA
No sabía que estábamos en Cancún de luna de miel. Que estábamos mirando a una vieja, Javi.

JAVI
Da igual, Blanca, da igual.

BLANCA
No me has contestado.

DIRECTORA
¡Chicos, ya!

JAVI
Pues no lo sé, Blanca.

BLANCA
No estamos en nuestro *prime*, ¿no crees?

Silencio.

JAVI
Prefiero seguir hablando de la señora.

BLANCA
No puedes seguir huyendo.

Silencio.

BLANCA
Javi, a mí también me duele, pero no podemos seguir engañándonos más.

JAVI
¿Sabrá ella de lo que estamos hablando?

BLANCA
Javi. *(Pausa.)* Por favor.

DIRECTORA
Cuando lo sintáis, soltamos.

JUAN
¿No podemos hablar de esto otro día?

BLANCA
(Suspirando.) Como quieras. *(Pausa.)* Me marcho.

BLANCA *le da un beso en la frente a* JAVI. *Sale.*

DIRECTORA
Muy bien, ya podéis soltar. ¡María, puedes entrar!

Pero María *no entra y* Javi *no suelta.*

Directora
    ¿Estáis tontos? ¿Os creéis Dicaprio? ¡Mírame, Juan! ¡Mírame!

Javi *sigue en silencio, rendido.*
La Directora *sale a buscar a* María, *pero no la encuentra.*
Vuelve.

Directora
    ¿Por qué se ha ido?

Juan
    (Confundido.) Tenía que irse…

Directora
    ¿Dónde?

Juan
    ¿Se encuentra bien?

Directora
    ¿Cómo?

Juan
    ¿Sabe quiénes somos, no? Estaba sentada allí mirándonos, ¿se acuerda?

Directora
    Vosotros también me mirabais.

Juan
    Sí, ¿en qué puedo ayudarla?

Directora
    Estabais haciendo una escena increíble.

JUAN
¿Perdón?

DIRECTORA
Una escena llena de vida. Sois grandes actores.

JUAN
¿Tiene usted el móvil de su hijo?

DIRECTORA
¿Para qué quieres el móvil de mi hijo?

JUAN
Creo que está un poco desubicada...

DIRECTORA
Juan, para de actuar ya. Llama a María y dile que vuelva.

JUAN
Me llamo Javi. No sé quién es ese Juan. Ha debido de confundirme. ¿Quién es María?

DIRECTORA
Bueno, ya os dije el primer día que era un desastre con los nombres.

JUAN
¿Qué clases?

DIRECTORA
Las de interpretación.

JUAN
Mire, disculpe, pero yo no soy ningún actor. Está usted desubicada, no pasa nada, voy a ayudarla...

DIRECTORA
¿Por qué habéis roto?

Silencio.

JUAN
No hemos roto.

DIRECTORA
No me engañes. Os he visto.

JUAN
No hemos hablado de nada aún.

DIRECTORA
No seas ingenuo. ¿Hace falta hablar esas cosas? ¿No se saben ya de antemano?

JUAN
Creo que se está pasando.

DIRECTORA
¿Por qué?

JUAN
Ya está bien, aunque sea mayor no voy a tratarla de forma diferente.

DIRECTORA
Ya lo has hecho.

JUAN
¡Pensaba que estaba usted desorientada!

DIRECTORA
Soy más lúcida de lo que parezco.

JUAN
Se ha hecho una escena en la cabeza mientras nos miraba. Se ha pensado que éramos sus actores, pero ya está bien. Ha acertado, genial. ¿Quiere un premio?

DIRECTORA
Quiero que vuelva.

JUAN
¡No va a volver!

Silencio.

DIRECTORA
¿Nunca?

JUAN
No lo sé. *(Empieza a llorar.)*

DIRECTORA
Odio a los actores que lloran.

JUAN
Por favor, váyase. No soy ningún actor.

DIRECTORA
Bueno, una persona. Actor o persona, ya ves tú qué diferencia. *(Pausa.)* Juan, dile que vuelva.

JUAN
¡Me llamo Javi!

DIRECTORA
Bueno, Javi. ¿Ella se llama Blanca?

JUAN

¿Cómo lo sabe? Antes ha dicho que se llamaba María.

DIRECTORA

Un error de cálculo, pero es Blanca claramente.

JUAN

Han debido de echarme algo en el café de antes...

DIRECTORA

Tranquilo, la única loca soy yo.

JUAN

¿A esto viene a este banco?

DIRECTORA

Exactamente. Cada tarde vengo y me tiro toda la tarde mirando e imaginándome escenas de las personas. La de hoy me ha afectado más y por eso he intervenido.

JUAN

Nosotros hemos hablado de usted.

DIRECTORA

Sí, cuando no teníais nada de qué hablar.

JUAN

Más o menos.

DIRECTORA

Parecía que os queríais al principio.

JUAN

Nos seguimos queriendo.

DIRECTORA
Pero luego he visto cómo os mirabais. *(Pausa.)* Y he visto vuestros silencios.

JUAN
¿Y qué ha visto?

DIRECTORA
Ya sabes lo que he visto.

Silencio.

JUAN
Ha visto que estábamos acabados.

DIRECTORA
He visto que estabais solos.

Silencio.

JUAN
Yo no quiero estar solo.

DIRECTORA
Pues dile que vuelva.

JUAN
No puedo.

DIRECTORA
¿Por qué?

JUAN
No lo sé.

DIRECTORA
Repito: ¿por qué?

JUAN
(Pausa.) De acuerdo. La llamaré, pero déjenos solos, por favor.

La DIRECTORA *le mira y vuelve a sentarse en el público.*

JUAN
(Al teléfono.) ¿Puedes volver? Quiero decirte algo. *(Pausa.)* Gracias.

MARÍA *o* BLANCA *vuelve a entrar en escena.*

DIRECTORA
¡Eso es! ¡Continuad!

JUAN *o* JAVI *y* MARÍA *o* BLANCA *se miran. Después de un breve silencio, ambos se giran para mirar a la* DIRECTORA. *Sostienen esa triple mirada y ese silencio y*

Fin.

AHORA YO

Sagra García Vázquez

PRESENTACIÓN
Buenas tardes, bienvenidas
gentes la farsa comienza.
Os presentamos a dos
personajes de leyenda:

ella, la esposa más fiel
que en leyendas haya habido,
él, astuto aventurero
que cien mares ha corrido.

Odiseo llaman a él,
por nombre también Ulises.
Penélope ella se llama,
experta en tejer tapices.

Él estuvo mucho tiempo
ausente por una guerra y
y por otras cosas que...
¡Silencio! Que ya comienza...

PENÉLOPE
    Has vuelto por fin, me alegro,
    veinte años has tardado.
    Diez en una absurda guerra
    y otros diez ¿dónde has estado?

ODISEO
    Penélope, vida mía,
    pensé todos estos años
    en ti, en mi hijo, en mi padre,
    en cuándo poder juntarnos.

    Pero esa maldita guerra
    de Troya, que duró tanto…
    Menos mal que me inventé
    esa treta del caballo

    si no aún estamos allí
    si no, no los derrotamos.

PENÉLOPE
    Esa guerra siempre absurda
    entre griegos y troyanos

    menuda fue la que armasteis
    por un marido engañado.
    Tantos años de pelea,
    tantos muertos de ambos bandos.

ODISEO
    Que Troya siempre contaba
    con el favor de los hados.

PENÉLOPE
    No querías ir a esa guerra
    fingiste que estabas loco.

ODISEO
    Me obligaron a ir.

PENÉLOPE
                    ¿Y tardas
    tanto tiempo en el retorno.

ODISEO
    Te lían, siempre te lían
    cuando quieres volver pronto.

PENÉLOPE
    Esa excusa me la sé:
    «La culpa siempre es del otro».

    Con tu bebé entre mis brazos
    te vi yo partir un día,
    creció y jugaba conmigo
    y su padre no volvía.

    Yo solita le eduqué.
    Le salió su primer diente.

ODISEO
    Me hubiera gustado verlo.

PENÉLOPE
    Tú siempre estabas ausente.

    Los ojos se me cansaban
    de mirar el horizonte
    escudriñando las olas
    cada día. Y cada noche

    en nuestra cama de olivo

me repetía tu nombre,
pues tu rostro se borraba
entre mil sueños deformes.

Qué se yo dónde has andado,
si recorriste cien mares,
cuando los demás volvían
tu hijo seguía sin padre.

ODISEO
Los hados me eran adversos
te lo juro, me liaron.
La culpa es de Poseidón
que zarandeaba mis barcos.

PENÉLOPE
No me pongas más la excusa,
tardaste, lo que has tardado.
No me importan los detalles
de tus años navegando,

cuéntaselos a tu hijo
o a tu padre, que está viejo,
o, si no, mejor permite
que los cuente un tal Homero.

ODISEO
Vientos adversos, sirenas,
lestrigones, Polifemo,
lotófagos, maga Circe
que nos convertía en cerdos.

Y Calipso astuta y bella
que en su isla pretendió
retenerme para siempre

pero no lo consiguió,

muy sugerente la ninfa
me quería engatusar:
«olvida a tu esposa», dijo,
«quizá se ha vuelto a casar,

yo inmortal puedo volverte
cariño, quédate aquí»,
pero yo he vuelto a mi casa
a quedarme junto a ti.

PENÉLOPE

Tu casa he estado cuidando,
de tu hijo, de tu perro,
de Laertes, tu anciano padre,
que todo fuera perfecto.

Desconfiaba de tu vuelta...
y aún así lo seguí haciendo,
mimar y cuidar de todos
era mi entretenimiento.

ODISEO

Penélope, mi tesoro,
reconozco tus desvelos
te he de estar agradecido
por todo lo que tú has hecho.

PENÉLOPE

Cuando tú no aparecías,
pretendientes se acercaban
diciendo que estabas muerto
que querían que me casara

que eligiera a alguno de ellos.
«No me puedo yo casar
tengo una labor que hacer»,
dije, y me fui a mi telar.

El sudario de Laertes
tejía yo cada día,
pero la labor diaria
por la noche deshacía,

a tantos y tantos hombres
dispuestos a hacer conmigo
lo que no podías tú hacer,
así tuve entretenidos.

ODISEO
   ¿Te has divertido con ellos?

PENÉLOPE
   No me acosté con ninguno,
   prometí fidelidad
   aunque haya sido muy duro

   mantenerme siempre fiel
   porque no fueras cornudo,
   sin saber si estabas vivo
   y vendrías en un futuro.

   No soy yo como mis primas
   Helena ni Clitemnestra,
   expertas en manejar
   los cuernos con gran destreza.

ODISEO
   Mantuviste tu promesa,

mi querida y fiel esposa,
pues de toda tu familia
eres tú la más valiosa.

PENÉLOPE

Telémaco, nuestro hijo
no soportaba más tiempo
las fichas que me tiraban,
le parecía un asedio

a nuestra casa tan digna.
Convocó en una asamblea
a todos mis pretendientes
y con una gran firmeza

les dijo: «¡Ya estamos hartos
de tanto gorrón dañino!
Os juro, traigo a mi padre».
Y emprendió al fin su camino

ODISEO

¡Marchó a buscarme mi hijo!
¡Telémaco, que eres grande!

PENÉLOPE

Quería saber de cierto
si estabas vivo o en el Hades.

A Pilos y a Esparta fue
donde hazañas le contaron
de su astuto padre en Troya,
que a tu hijo le cautivaron.

Pero ninguno sabía
donde su padre se hallaba

«partió de Troya», dijeron,
«hacia Ítaca una mañana».

ODISEO
No podía llegar aquí,
te lo he dicho, me liaron.

PENÉLOPE
Yo ya te he dicho que no
quiero saber qué ha pasado.

Pero ahora que estás aquí
después de la que has montado
con todos los pretendientes
me has de escuchar bien callado.

Cuando la treta primera
de tejer y destejer
fue descubierta por una
mala criada, al parecer,

Yo dije: «Me casaré
con quien tense el arco y lance
entre diecisiete hachas
la flecha que así dispare».

Si tú no estabas allí
ninguno podría tensarlo,
¡mira!, estabas escondido
de mendigo disfrazado.

Tensaste el arco y la flecha
las hachas atravesó
y otra flecha tu lanzaste
que a un pretendiente mató.

Ayudado por tu padre
y tu hijo, fuisteis lanzando
flechas a diestro y siniestro
a todos los congregados.

Tu padre, tu hijo y tú
seguís aún en pie de guerra,
entre los tres acabasteis
con toda la concurrencia,

la sangre por los tobillos
nos llegaba, ¡qué proeza!,
si bastaba con echarlos
¿hacia falta esa violencia?

No me repliques, te he dicho
que te mantengas callado
que ahora yo voy a decirte
lo que en años no he hablado.

En el motivo de Troya
no quiero volver a entrar
¿por un marido burlado
una guerra organizar?

Tampoco quiero volver
sobre tu tardío regreso
al acabarse la guerra,
ya hemos hablado sobre eso.

Como sabes, aquí he estado,
firme, fiel y cuidadora
de todas tus pertenencias.

Pero ahora llegó mi hora.

Te esperé, pero has cambiado
vuelves con guerra en las venas.
No estoy dispuesta a vivir
contigo de esa manera.

Ahora yo quiero vivir
otra vida que en veinte años
de encierro y de soledad
sólo he vivido anhelando

tu regreso, y esa idea
en mí ha estado madurando:
tener a un hombre tranquilo,
el que se fue de mi lado.

Pero cuando has regresado
no he visto en tus ojos nada
de lo que antaño tuviste,
me he sentido abandonada,

más que cuando estabas lejos.
Y para sentirme así
no quiero estar a tu lado,
soy yo quien se va de aquí.

Quiero lanzarme a ese mar
no para ir a una guerra,
sino para conocer
otros mundos de ahí afuera.

Me voy, Odiseo, me voy,
quizá en diez años o más
regrese de nuevo aquí,

pero eso no lo sabrás.

No sabrás si voy o vengo,
no sabrás si viva estoy,
sabrás que los días pasan,
empieza a contar desde hoy.

Hasta aquí tú yo llegamos,
en tu casa yo te dejo
con tu hijo y con tu padre.
Adiós querido Odiseo.

CONCLUSIÓN
Esta es la real historia
del regreso de Odiseo,
historia que ahora sabemos
y que no nos contó Homero.

Y aquí se acaba la farsa
que os quisimos presentar
si os ha gustado aplaudidnos,
sin decir nada a Instagram.

Jardín botánico

Esmeralda Gómez Souto

Minu prepara su mochila. Suena una llave en la cerradura y se esconde tras el sofá. Entra una mujer. Es Laleh. Se quita un pañuelo que le cubre la cabeza y fija su mirada en la mochila.

Laleh
¡Minu! ¿Dónde estás?

Minu sale de su escondite.

Laleh
¿Qué haces?

Minu
Me he asustado al oír la puerta.

Laleh
¿Y esto? *(Señalando a la mochila.)*

Minu
¿Cómo has tardado tanto?

LALEH

Unos policías han ido al colegio y me han interrogado.

MINU

¿Qué te han dicho?

LALEH

Preguntaron por ti. Si te conocía... Les he dicho que fuiste mi alumna hace años.

MINU

¿Piensas que puede haber dicho algo la vecina?

LALEH

¿La de enfrente?

MINU

Sí.

LALEH

No lo creo...

MINU

Es una chismosa.

LALEH

Chismorrea por aburrimiento.

MINU

Le he oído preguntarte de todo desde ahí dentro.

LALEH

Alguien le dijo que una joven me había visitado. Pero no sabe nada. *(Cogiendo la mochila.)* ¿Y esto?

MINU

Me voy, Laleh… No aguanto más. Me voy a volver loca si sigo aquí.

LALEH

¿Sabes qué te puede pasar?

MINU

Me da igual.

LALEH

¿Te da igual?

MINU

No les tengo miedo.

LALEH

Pues deberías, Minu, deberías. Tu video se hizo viral. Todo el mundo te vio, con el cabello al viento… Arrancándote el velo y animando a las demás… Te están buscando.

MINU

Me da lo mismo…

LALEH

Tienes el ansia de la juventud, aquí en el pecho. Pero eso no te salvará de los salvajes.

MINU

Pues algo tengo que hacer, porque vivir encerrada es una condena peor que la muerte.

LALEH

No hay nada peor que la muerte. Y solo tienes que esperar un poco más.

MINU

Llevas semanas diciéndome lo mismo. Aguanta un poco más, Minu. Te sacaremos pronto. Pero aquí sigo, encerrada como un animal.

LALEH

Es la única forma que tengo de protegerte cuando no estoy en casa. Si entran a registrar no podrán encontrarte.

MINU

Y tú qué sabes. Llevan perros, de esos que huelen el miedo.

LALEH

Solo saben que fui tu profesora. Piensan que cualquiera que te conozca puede haberte ayudado a escapar.

MINU

Y no se equivocan.

LALEH

Pero no tienen sospechas concretas. No me han retenido, ni maltratado. Solo preguntas de rutina. Tantean a ver si reaccionamos con nerviosismo o miedo.

MINU *guarda silencio, abatida.*

LALEH

¿Has comido?

MINU

No.

LALEH

Deja que te traiga algo.

MINU

No quiero comer.

LALEH

Me da igual lo que quieras. Comerás, no voy a consentir que caigas enferma.

> LALEH *sale de la habitación.* MINU *se sienta en el suelo, frente a una mesita.* LALEH *vuelve con una bandeja.*

LALEH

Luego iré a comprar, no queda comida caliente.

MINU

¿Y si te vigilan? A lo mejor tienes un policía siguiéndote…

LALEH

No lo necesitan. Esta ciudad tiene un corazón delator palpitando en cada metro cuadrado.

MINU

¿Y por qué sigues comprando las mismas raciones de comida que antes de que yo estuviera aquí? Te estás matando de hambre para compartir conmigo lo poco que tienes.

LALEH

Siempre he comido como un pajarito.

MINU

Laleh…

LALEH

Deja de preocuparte por mí y come. *(Se escucha el sonido de una tetera al hervir.)* Ya está listo el té.

MINU *come con apetito lo que queda en el cuenco.* LALEH *vuelve con dos tazas humeantes.*

MINU

¿Y a las otras profesoras también les han preguntado por mí?

LALEH

Sí, a todas. Por ti y por otra chica, una tal Istar Kadimi. ¿Te suena?

MINU

No.

LALEH

Yo no la recordaba. Aunque su cara me resultó familiar al ver la fotografía…

MINU

¿También la buscan por la revuelta?

LALEH

No lo sé, ellos no dan explicaciones, sólo hacen preguntas.

MINU

Tu vida también está en peligro desde que llegué. En suspenso… ¿Cuánto vas a ser capaz de aguantar? *(*LALEH *permanece en silencio.)* ¿Lo ves? A ti también te pesa esta situación.

LALEH

Apareciste en mi puerta con la cara ensangrentada. Pude dejarte fuera. O llamar a la policía. Pero te metí en casa y te curé las heridas. Eso podía traerme consecuencias, pero fui yo la que os dije una vez que seríais vosotras quienes podríais hacer algo para liberarnos a todas de esta opresión silenciosa. Mi generación no fue capaz.

MINU
Y siempre te estaré agradecida...

LALEH
Pues dejémoslo aquí.

MINU
Te estaré agradecida, pero ahora tengo que marcharme.

LALEH
No puedo permitirlo.

MINU
Me iré esta noche. Cuando el edificio duerma. *(Coge su mochila.)* Lo he preparado todo, aquí dentro. También llevo el cargador para cuando pueda poner el móvil en marcha. Por ahora está sin batería ni tarjeta.

LALEH
¿Sabes cuántos muertos llevamos desde el estallido de la revuelta?

MINU
Te he cogido un par de velos, de colores discretos. Y unas gafas de sol. Te los devolveré más adelante.

LALEH
No se sabe en realidad, ocultan la cifra. La prensa extranjera habla de más de cuatrocientas personas asesinadas en todo el país. Y diez mil detenciones.

MINU
No me pasará nada...

LALEH

Se enfrentan a penas altísimas, incluso a la muerte...

MINU

Tendré cuidado.

LALEH

Saltarán sobre ti como chacales.

MINU

¡Me da lo mismo! Al menos no me pudriré llena de remordimientos en un armario. ¿Por qué mi vida vale más que la de las otras, Laleh? Fui yo quien llevó a Shadi a aquella concentración, sin hacer caso a sus reticencias. Y también fui yo quien cogió el micrófono en la plaza... Luego todo se volvió confuso. Botes de humo, ladridos, disparos. Eché a correr con Shadi de la mano. Pero la policía nos alcanzó. Nos sujetaron. Metían a otras chicas en furgonetas a empujones. Yo me revolví. Ni sé cómo conseguí zafarme de ellos y corrí hasta perder el aliento, sin mirar atrás. Sin Shadi.

LALEH

No es tu culpa.

MINU

Si está muerta, será culpa mía.

LALEH

Voy a averiguar qué le ha pasado a tu amiga... A cambio, dame un poco más de tiempo.

MINU

No, Laleh. Deja de protegerme, me voy a ir esta noche.

Laleh

No puedo consentirlo…

Minu

¡Me da igual!

Se oye un ruido seco en el exterior. Las dos mujeres quedan paralizadas.

Laleh

¡Calla! *(Sale a mirar.)* Es el vecino, va a trabajar...

Minu

¿No hay nadie más en el descansillo?

Laleh

Nadie.

Minu

Falsa alarma.

Laleh

Sí.

Minu

Estás temblando.

Laleh

Cuando entraste me convertí en culpable a sus ojos. Ya no tienes derecho a decidir si te quedas o te vas pensando solo en ti. Ahora tenemos el compromiso de protegernos. Yo a ti y tú a mí. Para eso solo tienes que aguantar un poco más. Te prometo que te sacaré. Pero tienes que ser valiente y esperar. Por las dos. Por las que están fuera. Por las que están muertas. ¿De acuerdo?

MINU *guarda silencio, mira a su profesora y la abraza.*
LALEH *le devuelve el abrazo.*

MINU
Podrías dejarme una linterna. Así leeré, mientras estoy ahí dentro.

LALEH
No tengo lecturas muy interesantes. Tiré cualquier cosa que pudiera parecerles sospechosa... Por si venían a registrar... Puedo dejarte algunos manuales de botánica.

Sale y vuelve a entrar con un libro de plantas ilustrado y una linterna.

LALEH
Toma, es el más bonito que tengo.

MINU
Me acuerdo de tus clases de botánica. Cuando nos explicabas el aparato reproductor de las plantas. Sabíamos que nos estabas hablando de algo más... Las flores solo eran una excusa.

LALEH
Se puede aprender mucho del comportamiento de las plantas si se escucha con atención.

MINU
(Hojeando el libro.) Con este libro aprenderé a sembrar y luego me retiraré al campo. Con Shadi, lejos de todo.

LALEH
Te servirá más para trabajar en un jardín botánico.

Minu

Suena bonito, un jardín botánico… Al aire libre y respirando el aroma de la lavanda y de la menta… (*Prueba la linterna, pero no se enciende.*) No funciona. Serán las pilas.

Laleh

Voy a salir a comprar, métete ya.

Minu

Me siento como una anciana con el cuerpo entumecido y la ceguera en los ojos.

Laleh

Traeré comida y pilas. Y preguntaré por ahí, a ver si consigo noticias sobre Shadi.

Minu

¿Tardarás?

Laleh

Estaré de vuelta para la hora de cenar.

Minu *abre un armario y entra.* Laleh *cierra la puerta. Antes de salir, se agacha y habla en susurros.*

Laleh

El viernes iré a la lavandería. Recogeré la carta de tu madre. Solo tienes que aguantar un poco más en la oscuridad. Lo prometo.

Laleh *recoge la mochila, que está en medio de la habitación, y la guarda. Se pone el pañuelo sobre la cabeza y sale mientras se hace el*

Oscuro.

Un monstruo bajo la cama

Elena Guevara

Un NIÑO *sentado en una cama, tiene unos diez años, en un cuarto en la penumbra. Tras las paredes se escucha el ruido del mar.*

NIÑO
Papá... Mamá... que no me duermo... *(Coloca su mano ahuecada en la oreja.)* No tengo sueño. No quiero dormir... *(Coloca su mano ahuecada en la oreja.)* Tengo miedo. Puedo notarlo. *(Coloca su mano ahuecada en la oreja.)* Si vosotros lo notarais... no querríais ni siquiera quedaros aquí de vacaciones. Iríamos a la casa de la abuela, en el pueblo. Allí se duerme bien con el ruido de los grillos y el olor del humo. Echo de menos a la abuela. Aquí todo se mueve. Me mareo. No me gusta el mar, ni el viento. El viento es tan fuerte que creo que un día nos lanzará a todos por la borda. *(Coloca su mano ahuecada en la oreja.)* Olas gigantescas. *(Se pone de pie sobre la cama.)* Darán la vuelta al barco como si fuera una cascarita de nuez en un barreño. *(Agarra la colcha de la cama y la ondea sobre su cuerpo.)* Y acabaremos todos así, bajo el agua.

Se tapa con la colcha de la cama, escondiéndose. Una risa se

escucha bajita en algún lugar de la habitación. El NIÑO
asoma la cabeza, aterrado.

NIÑO
¿Lo habéis oído? ¡Es el monstruo! ¡Papá, mamá: el monstruo! Está bajo mi cama, estoy seguro. Ya le he oído dos veces desde que zarpamos. Y creo que un día... vi sus ojos brillando bajo la cama. Como de un fuego azul. Y tiene escamas... como un dragón, y huele...

De debajo de la cama sale una NIÑA, *algo mayor que él, con la piel cubierta de escamas, el pelo de un verde oscuro y unos ojos turquesa.*

NIÑA
¡Qué tonterías dices! Este barco no se hundirá.

NIÑO
¡Fuera! ¡Vete, monstruo! ¿Qué haces bajo mi cama?

NIÑA
Es fuerte como un castillo. Tiene velas, y una proa que rompe contra el agua como la espada de un caballero contra el pecho de un dragón.

NIÑO
¿Cómo? ¿Eres tú un dragón entonces?

NIÑA
Nooooo. Digo que el mar es tan poderoso como el más poderoso de los dragones y que tu barco es como un caballero con una armadura bien fuerte... ¿Es que no te han leído cuentos de aventuras tus padres?

NIÑO
No.

NIÑA

¿Y cómo te duermes entonces?

NIÑO

Cierro los ojos, me tumbo en la cama… y al final me duermo. Menos hoy, claro.

NIÑA

¿Siempre duermes en una cama?

NIÑO

¡Pues claro! Vosotros los monstruos… ¿no dormís en camas?

NIÑA

Ey, oye, ¿a quién llamas monstruo? *(Se vuelve a meter bajo la cama.)*

NIÑO

¡Espera! No te vayas… si no eres un monstruo… no te vayas por favor.

> *La* NIÑA *se sienta junto al niño en el borde la cama, tapándose a sí misma y al* NIÑO *con la colcha.*

NIÑA

¡No soy un monstruo! Y no, no duermo en una cama, como dices. He dormido en muchos sitios distintos. En mi casa sí hay una cama, bueno un colchón, en el que duermo siempre con mi abuela.

NIÑO

¿Todos los días? Mi abuela vive en otra ciudad, bueno en un pueblo, y me encanta dormir con ella cuando estoy de vacaciones. Me encantaría dormir con ella ahora mismo.

NIÑA
¿Qué son vacaciones?

NIÑO
¿Es broma?

La NIÑA *calla.*

NIÑO
Vacaciones es cuando tus padres… descansan de trabajar
y te llevan por ahí a jugar en la playa, o a un barco como
este, mientras ellos leen algo en el móvil o se toman una
cerveza.

NIÑA
¿Tú también estás descansando del trabajo?

NIÑO
¡Pero los niños no trabajamos!

La NIÑA *calla.*

NIÑO
Tienes un pelo bonito. Nunca había visto un pelo como el
tuyo. En el colegio hay un niño que tiene la piel casi como
la tuya, aunque sin escamas. Pero tu pelo que es como…
como algas… sí. Nunca lo había visto.

NIÑA
Yo una vez fui al colegio. Me gustó. La maestra nos dio
lápices de colores distintos.

NIÑO
¿Cómo que una vez? ¿No vas todos los días? Cuando no
son vacaciones, digo…

La Niña calla, se levanta y se asoma al vano invisible de una puerta.

Niña

¿De verdad no te cuentan cuentos? No conozco a nadie a quien no le gusten los cuentos.

Niño

No he dicho que no me gusten. He dicho que no me los cuentan.

Niña

¿Quieres escuchar uno?

Niño

¿Da miedo?

Niña

A mí no. A mi abuela… un poco *(Ríe.)* Es un cuento que contaba la vieja más vieja de mi aldea en los días de lluvia. Cuando, después del trabajo, tu ropa estaba tan mojada que lo único que podías hacer era sentarte alrededor del fuego… hasta casi quemarte los calcetines. Ella se ponía muy seria, envuelta en su abrigo hecho de cien pieles y siempre empezaba con esta historia…

La Niña se coloca la colcha como si fuera una vieja muy vieja de su aldea y sujeta un imaginario bastón. El Niño ríe.

Niña

Esta es la historia de una princesa antigua, que vivía en los acantilados del Monzú. No tenía más amigos que las águilas, ni más familia que las plantas de su huerta. Vivía sola y aislada del mundo para que nadie jamás ocupase su trono. Su palacio, hecho de plata y esmeralda, colgaba del acantilado como una joya del cuello de un guerrero. Tenía en él todo tipo de tesoros: libros con sabiduría acumulada durante miles de años, hierbas y pócimas elaboradas en el principio de los tiempo por las mejores hechiceras, pedazos de estrellas que adivinaban el futuro. La princesa, al levantarse, miraba al horizonte en busca de enemigos de los que defender su palacio. Y al acostarse, cantaba las canciones que recordaba de cuando era una niña. Pasaron los años y nadie acudió a disputar su trono. Y la princesa murió cantando la canción más triste del mundo.

NIÑO
Vaya…

NIÑA
¿No te ha gustado?

NIÑO
No es eso. Es que… es triste. Y no da miedo.

NIÑA
Mi abuela nunca quería escucharla. Se tapaba los oídos. Pero es porque ella temía a la soledad.

NIÑO
Creo que en eso nuestras abuelas se parecen. Bueno mi abuela es más bien así. *(El* NIÑO *se coloca la colcha haciendo que es su abuelita.)* «¡Pero súbete la cremallera, alma de cántaro, que vas a coger frío! ¿Te has acabado las galletas? Si yo hubiera tenido galletas cada día a tu edad…».

NIÑA
¿Puedes comerte todas las galletas que quieras?

NIÑO
Sí… claro.

NIÑA

Creo que eres tú el monstruo. Duermes siempre en una cama, vas a colegio cuando no estás de «vacaciones» ¡y comes galletas todos los días!

NIÑO

Oye, ¿no me estarás engañando? ¿Vas a comerme cuando me duerma?

NIÑA

Yo podría decirte lo mismo.

NIÑO

Pero este es nuestro barco. Papá lo alquiló para las vacaciones. Yo tengo que dormir aquí. No tú.

NIÑA

Yo podría decirte lo mismo... que este es mi océano. Que conozco cada gota de agua y cada grano de sal. Que conozco a las ballenas y a los atunes, a las medusas y a las estrellas de mar. Que podría montarme a lomos de un gran tiburón blanco sin que me mordiera y que me sé donde están todos los tesoros de los barcos hundidos hace milenios. ¿Este es tu sitio? ¿Seguro?

NIÑO

¿Sabes dónde hay tesoros?

NIÑA

¿Y para qué quieres tú un tesoro?

NIÑO

¿¡Quién no lo querría!? Si mi padre supiera que hay un tesoro aquí cerca, se podría su neopreno de buzo y bajaría a buscarlo con sus propias manos. Y mi madre... colgaría en su Instagram fotos de mi padre subiéndolo a bordo, y llamaría a la prensa, y vendría hasta un helicóptero.

NIÑA

Me da miedo tu familia… No comprendo eso que dices.

NIÑO

Bueno, son algo raros… supongo. Pero me cuidan.

NIÑA

Sin cuentos.

NIÑO

Sin cuentos. Pero me cuidan.

NIÑA

Mi madre cantaba las canciones más bonitas del mundo, aunque le dolía una cicatriz en el centro del pecho. Mi padre se marchó poco después de que yo cumpliera los dos años, no había ni maíz, ni plátanos, ni galletas… Después, cuando en la aldea no quedaba nadie, nos fuimos todas a buscar a mi padre. Tardamos un año entero. Todos los lápices que me dio la maestra los gasté en pintar ballenas en las aceras. He dormido en un portal, y en un maletero, y en el hueco pequeño de una barca amarilla. Tengo que marcharme, monstruo.

NIÑO

¿Y tu familia? ¿Dónde está tu familia?

NIÑA

Ahora estamos todos en el mismo sitio. Bajo tu cama. Bajo el barco. En el fondo del mar.

> La NIÑA *vuelve a meterse bajo la cama, llevándose la colcha con ella. El* NIÑO *queda en silencio.*
> *Se escucha el ruido de las olas chocar contra el casco del barco.*

No tenemos ni puta idea

Cristina Hermida

Salón de actos de un instituto público.
Javi se levanta de entre el público.
Lleva un papel doblado en sus manos.
Lo abre.

Esto debería estar vacío.

Se supone que es un homenaje. Queremos juntarnos para sentirnos mejor con nosotros mismos y quitarnos las culpas de encima. Queremos lavarnos las manos y creemos que hablar de él nos hará sentir mejor. Y si además lloramos juntos se producirá una especie de purificación que, no veas, aquello sí que fue fuerte, yo no dejé de llorar en toda la tarde y cuando me fui casa estaba en la mierda. Y me grabé en la mierda. Y compartí el video en la mierda. Compartí el video en la mierda porque si no, no había estado en la mierda. Y me volví a grabar al día siguiente y al siguiente, y al siguiente, y al siguiente cuando ya me había olvidado de lo que era la mierda. Porque habremos aplaudido. Habremos puesto un puto video con fotos suyas. Habremos hablado. Habremos recordado los mejores momentos, lo especial que era, lo buena persona y lo injusto que fue *todo*. Todo. Ese

todo que no es nada. Una enfermedad se lo llevó, aquí no pasa nada. Ya hay un responsable. Ya hay una causa. Podemos escondernos. He dicho se lo llevó. Parezco el presentador del puto informativo del mediodía, no me jodas. No se lo llevó nadie. Murió. Joder. La palmó. Y ninguno de nosotros fuimos a verle. Pero oye, cómo sonreía. Qué bien dibujaba. Qué valiente su madre que se vino de Guinea con él hace *no sé cuántos* años. Nunca supimos nada del padre, pero el padre qué hijo de puta. Qué hijo de puta el padre que les dejó tirados y no vino a España. Y cuando su hijo estaba moribundo tampoco apareció, que hijo de puta el padre, el padre que hijo de puta. Y la madre que no se separaba de él. Atosigaba un poco la madre, la madre atosigaba, pero qué buena persona, qué ejemplo la madre. Y en el cole le enviaban los apuntes y los deberes, qué colaboradores los profes. Y los compañeros le escribían y le hacían regalos, los compañeros, qué suerte tuvo, le mandaban cosas para que se las diera... para que se las diera... espera, quién, si nadie iba a verle. Nadie le llamó ningún día. Nadie le escribió. Fue una liberación. Un problema menos. Un pupitre vacío y qué pena, mucho ánimo, ojalá pronto le tengamos de vuelta, le echamos de menos, le mandamos abrazos, iremos a verle cuanto antes, en cuanto se pueda, qué pena, otra vez, qué pena, qué injusto, hemos hecho carteles en clase y un mural de fotos con él. Mentira. Mentira. Mentira. No hay fotos con él. No hay carteles. No hay compañeros. A ninguno le importaba una mierda. Era el puto negrata. El moro. Huele de culo. Siempre viste igual. Su madre, qué buena persona su madre, su madre roba en el super. Nadie se sentaba con él. Nadie hablaba con él. El moro. El puto negrata. Viven al otro lado de las vías. Nadie hablaba con él. Huele de culo. Nadie se sentaba con él. Él solo dibujaba. Pero qué bien dibujaba y qué buena persona era, joder. Como lo echamos de menos, eh. Qué pena, qué injusto, qué pena.
¿Como se llamaba su madre? No tenemos ni puta idea.

¿Tenía hermanos? No tenemos ni puta idea.
Pero eh, Javi,

— Sal y di unas palabras, tío, no jodas. Sal y di algo que tú te llevabas con él, erais los dos frikis de la clase.
— Es un homenaje, Javi.
— Es por él, tío.
— Si va a estar de puta madre, ya verás.
— Buah tío, es que si no lo haces tú quién coño va a hablar.
— Yo lo haría, pero es que no sé qué decir. A ver, que era majo, pero que yo no me llevaba.

(*A uno del público.*) Graba, tú no te cortes. Y que salga tu cara también, eh. Tus reacciones. Todo. ¿Quieres llorar un poquito también? Llora, llora un poquito.
— Eh tío, has visto el video del *colgao* ese que tenía que hablar de su amigo y se puso a meterse con la peña. Buah, flipa. Te lo paso. No veas cómo se puso. Y la peña flipando. Que la chica que estaba grabando se puso a llorar y todo, eh, que se la oye mazo, en serio. Muy heavy.

— Han hablado con ella. Con la chica. Le han hecho una entrevista y dice que lo pasó fatal. Que quería irse de allí y no sabía cómo. Y que miraba a sus amigas y todas estaban igual.
— Dicen que era su novia. La del chico que murió no, la del que hablaba. Ah, no, espera. La del que murió, la del que murió. Que había venido al homenaje desde Guinea. Con el padre.
— ¿Con el padre? Pero si /
— Con el padre.
— Qué buena persona el padre.
— Imagínate que el puto colega de tu novio muerto se pone a hablar así delante de la peña. Soy yo y le doy una paliza, en serio. Ese pavo es gilipollas.

Pues bien, este gilipollas fue a verle el miércoles.
Le pedí perdón. De parte de todos. No sé si para sentirme
mejor yo o para que se sintiera mejor él. Bueno, sí, para sentirme mejor yo. Y él lo sabía. Igual que sabía que lo vuestro
era mentira. Igual que sabía que si no la fuera a palmar en
dos días ni yo le estaría pidiendo perdón. Ni que fuera un
puto cura que tiene que absolvernos para que podamos
seguir con nuestras vidas.

— He tenido una idea. Creo que lo mejor es que hables tú.
Que escribas lo que quieras y yo lo leeré.

Sería la hostia si os dijera que todo lo que he dicho lo pone
en este papel, eh. Ya hay una explicación a semejante bola
de mierda.
— El gilipollas era el muerto y no el friki amigo del muerto.
— Bueno, ese también. Por hacerle caso. Si estaba muerto no
tenía por qué.
— Pues vaya dos gilipollas.
— Eso, vaya dos gilipollas.

Abrí el papel en casa, a solas:
Esto debería estar vacío.

Currículo resumido

Víctor Iriarte

Los tres sentados frente al público. Susana *en el medio, pero dos metros por detrás. Ellos no se escuchan, no se ven ni le ven a ella. Ninguno de los tres se mira.*

Susana
Quiero repasar tu biografía y currículo.

Alfonso
Claro.

Luis
Sin problemas.

Susana
Le conoces desde niño.

Alfonso
¿A Luis? Desde los seis años.

Luis
Con Alfonso en la misma clase siempre. Uña y carne.

SUSANA
Eres ingeniero.

ALFONSO
Renovables, por la Politécnica, con Erasmus en Alemania.

SUSANA
Encontraste trabajo muy pronto.

ALFONSO
Casi sin terminar la carrera ya tenía ofertas. Empecé en un despacho potente, dos años y pico, en Pamplona, y la verdad es que muy bien, aprendí mucho. Después me hicieron el ofertón en la «big one» y apetecía, porque instalaciones es más divertido que oficina. Y lo que viajas.

SUSANA
Te has pasado una buena tirada de años en el extranjero.

LUIS
Casi nada. Seis países diferentes en dieciséis años de profesional.

SUSANA
Cuenta.

LUIS
Me fichó el Atlético en mi segundo año de juveniles y enseguida me subieron al B. Allí estuve solo un año. El siguiente me cedieron al Hércules y ascendimos a Segunda. No seguí en Alicante, aunque apetecía, porque me mandaron a un Primera holandés, el A Zeta. Dos temporadas, la segunda en Conference. Al año siguiente, otra cesión, al Legia de Varsovia. Ligas flojas donde lo jugué todo. Y qué chavalas las polacas. Todas de diez.

Volví a Madrid con ficha del primer equipo pero no había hueco y en el mercado de invierno acepté el traspaso, al Hertha, donde estuve cuatro años.

SUSANA

Te reencontraste con Luis en Berlín.

ALFONSO

El primer año que trabajé en Alemania.

LUIS

Superbién. De nuevo juntos, mucha juerga. Él ya se había casado.

SUSANA

Ya estabas casado.

ALFONSO

Sí. Conocí a Lucía el último curso de bachillerato y para segundo de carrera ya éramos pareja. Nos casamos con veintiséis. Lo mejor que me ha pasado en la vida.

LUIS

Coincidió en mi época con Gerda, que igual es la tía con la que más tiempo he estado.

ALFONSO

Muy a gusto allí, pero plan de parejas. Lucía y la moza de Luis, que también era informática, se llevaban muy bien a pesar de la diferencia de caracteres. Es que Gerda era muy teutona.

LUIS

Muy tetona sí.

SUSANA
Teutona.

LUIS
Eso.

ALFONSO
El volvió a España porque fichó por un Primera. Nosotros luego estuvimos en China y Singapur, que íbamos para cuatro meses y fueron más de dos años.

LUIS
Yo volví a España para jugar en el Granada tres temporadas, que igual fueron las mejores de mi carrera. Aproveché para terminar ADE, con veintinueve, que lo llevaba arrastrando desde los dieciocho. Después, un año en el Reims, otro en el AEK griego y uno más en el Glasgow Rangers, pero sin continuidad.

ALFONSO
En Glasgow tuvimos a la mayor. No coincidimos con Luis por poco. Él llegó y nosotros nos volvíamos a España.

LUIS
Me dejaron su casa. Ni tan mal.

ALFONSO
En Escocia aprendí un huevo de molinos de viento en el mar y con esa experiencia me hicieron la oferta para llevar la división, pero ya estable, así que nos volvimos a España definitivamente y nos compramos la casa.

LUIS
Menudo casoplón tiene Alfonso. Siempre que caigo por Madrid me quedo allí. A ver, para sus crías soy el tío Luis.

ALFONSO

Y nos nacieron las mellizas. Lucía, además, se colocó al poco en la universidad de profe, así que salió todo clavao.

LUIS

Tenía ofertas para regresar: Español y Celta. Me decidí por Vigo y fue bien hasta que me lesioné a falta de cuatro partidos para acabar la temporada. La siguiente ni jugué, pero entonces, ya con treinta y cinco desempolvé el título y me ofrecieron trabajar en el departamento de marketing. Tres años después ya estaba a cargo de las tiendas oficiales. Y, bueno, emparejao en serio, con una exfutbolista. Estamos esperando el primero y no quiero adelantar nada, pero con perspectivas de trabajo en Madrid.

SUSANA

Buena trayectoria.

ALFONSO

Muy buena.

LUIS

No me puedo quejar.

SUSANA

Vamos a hablar del festival.

Pausa.

ALFONSO

¿Asturias?

LUIS

¿El Boombastic?

SUSANA
Dieciocho, diecinueve y veinte de julio del veinticuatro.

ALFONSO
Buen cartel: Bad Gyal, Bizarrap...

LUIS
... Niki Nicole, La oreja de van Gogh...

ALFONSO
Ovi on the drums...

LUIS
Lola Índigo, Reels B...

ALFONSO
Habíamos aprobado el Bachillerato y Luis se había sacado el carné.

LUIS
Había que celebrarlo. Yo no empezaba los entrenos hasta
unos días después y podía recuperar. Mi padre nos dejó
el coche.

ALFONSO
Tres días cañeros. Ya sabes.

LUIS
Ya sabes. A tumbabierta.

ALFONSO
Por las mañanas K.O. en la tienda.

LUIS
Por la tarde, buen papeo y de nuevo al mogollón.

SUSANA

¿Como surgió lo de la playa?

Pausa.

ALFONSO

Conocimos a las dos tías en el conciertazo del segundo día priva va, priva viene.

LUIS

Estaban acampadas casi al lado. Quedamos el tercero para comer juntos. De Zaragoza. Supermajas.

ALFONSO

Y de ahí de nuevo al festival. En plan destroyer, era el último día.

SUSANA

¿A quién se le ocurrió lo de acabar en Salinas?

ALFONSO

A nosotros.

LUIS

A ellas. Eran como las seis de la mañana y queríamos seguir de marcha.

ALFONSO

Bueno, surgió. Pa rematar el finde. Era domingo, hacía buen tiempo…

LUIS

No hemos traído bañadores, nos dijeron. Ni falta que hace. Tampoco nosotros, les respondí. Y se rieron.

ALFONSO

Buen chapuzón y si hay que irse a dormir, mejor en la arena.

LUIS

Ah, ¿pero estamos pensando en dormir?

ALFONSO

Más risas. Luis siempre se las ha pintado solo a la hora de entrarles a las tías. Recogimos la tienda y los trastos y al coche. El plan era llevarlas el domingo por la tarde a Gijón, para que cogieran un autobús.

LUIS

O el lunes, si había tema.

ALFONSO

La playa de Salinas queda a media hora. Yo la conocía de haber estado con mis padres.

SUSANA

¿Quién conducía?

ALFONSO

Luis.

LUIS

Yo.

ALFONSO

Pero la culpa fue mía.

LUIS

Vamos por una secundaria, que habrá menos controles, me dijo. Pero el que se salió de la vía fui yo.

ALFONSO
Fue todo un visto y no visto.

LUIS
Como seis o siete vueltas de campana.

SUSANA
Nueve, según el atestado

LUIS
Pues nueve. Yo fallecí en el acto.

ALFONSO
Yo tardé minutos, pocos, pero inconsciente. Ni me enteré.

LUIS
La chica que iba conmigo de copiloto quedó atrapada entre los hierros. Hubo que llamar a los bomberos. Tardaron más de una hora en sacarla.

SUSANA
Quedó tetrapléjica.

LUIS
Sí.

SUSANA
Murió cuatro años después, por complicaciones de una neumonía.

ALFONSO
La otra, la que iba a mi lado, salió despedida. Tardaron una hora en dar con su cuerpo. Claro, no sabían cuántos íbamos en el coche hasta que lo registraron a fondo y dieron con su bolso. Estaba a unos cien metros, oculta por la vegetación. Un palo muy gordo.

Pausa.

SUSANA
No hubo baño en la playa.

ALFONSO
No.

LUIS
Ni siesta en la arena.

SUSANA
Ni carrera de ingeniería. Ni boda con Lucía, ni tres hijas.
Ni una vida laboral estupenda ni un carro de ciudades
que conocer.

ALFONSO
No.

SUSANA
Ni más fútbol. Goles. Fichajes. Chavalas que te esperasen
en la puerta del estadio. Tu rostro en los cromos, autógra-
fos, paginón en el Marca. Tampoco niños que te pidieran
la camiseta en las gradas.

LUIS
Nada.

SUSANA
Tu hermano pequeño sí jugó unos años.

LUIS
Me dedicó su primer gol en Primera.

SUSANA
A Lucía no le fue bien.

ALFONSO
No.

SUSANA
Varias relaciones tormentosas, trabajos en precario…

ALFONSO
Sí.

SUSANA
Tus padres, Luis, no supieron manejar el duelo. ¿Por qué le tuve que dejar el coche aquel puto verano? Se separaron al año.

ALFONSO
Mi madre no volvió a ser la misma. Decía que el cáncer le había empezado aquella mañana de julio cuando la despertaron con la noticia.

Pausa.

SUSANA
Quiero repasar tu biografía y currículo.

ALFONSO
Claro.

LUIS
Sin problemas.

ALFONSO
Alfonso Hernández. Dieciocho años. Segundo de Bachillerato. Quinto en la olimpiada matemática, fase madrileña.

LUIS
Luis Reguera. Dieciocho años. Segundo de Bachillerato.

Máximo goleador del Memorial Piru Gainza de juveniles del veinticuatro. Y subcampeón. Nos ganó el Athletic la final en la prórroga.

ALFONSO
Y poco más.

LUIS
Y para de contar.

Oscuro.

La estación de paso

Miguel Ángel Jiménez Aguilar

ALICIA, *una adolescente con orejas de lobezna, corre como si estuviera huyendo de alguien o de algo, hacia el único lugar que hoy reconoce como propio. En su camino, que no es de llegada como ella cree, se cruza con* PERÍFRASIS, *un mono a punto de morder una manzana.*

ALICIA
Hola.

PERÍFRASIS
¿?

ALICIA
¿Tú quién eres? ¿Y qué haces aquí?

PERÍFRASIS
¿Es a mí?

ALICIA
¿A quién si no?

PERÍFRASIS
No tengo ni idea.

ALICIA
¿Cómo que no tienes ni idea? ¿No sabes quién eres o qué?

PERÍFRASIS
No. A ver si te vas a creer tú que voy a perder el tiempo en esas tonterías.

ALICIA
¡Tonterías!

PERÍFRASIS
Sí.

ALICIA
Todo el mundo sabe quién es.

PERÍFRASIS
Pues yo no. Sé lo que estoy haciendo, nada más.

ALICIA
¿Y qué haces?

PERÍFRASIS
¿Que qué hago? No lo sé.

ALICIA
¿Que no lo sabes?

PERÍFRASIS
No. Ni idea.

ALICIA
Pero ¿no has dicho que lo sabes?

PERÍFRASIS
He dicho que sé lo que estoy haciendo, pero no lo que

hago. Ni quién soy. Ni nada. ¿Para qué tanto saber? ¡Y tanto preguntar! ¿No te han enseñado a hablar con el silencio?

ALICIA

¿Con el silencio? No sé a qué te refieres.

PERÍFRASIS

¡Vaya por Dios!

ALICIA

Ni cómo se hace. Si es que eso se puede hacer.

PERÍFRASIS

Pues muy sencillo. Estándote calladita.

ALICIA

¿?

PERÍFRASIS

Solo así encontrarás tu verdadero ser.

ALICIA

¿Mi verdadero ser?

PERÍFRASIS

Así es. ¿O acaso no es a eso a lo que has venido?

ALICIA

¿Yo? No lo sé.

PERÍFRASIS

¿Lo ves? Ahora eres tú quien no sabe nada.

ALICIA

Bueno, sí. Este es mi refugio. Vengo aquí cada vez que…

PERÍFRASIS
¡Shisss…! ¡Silencio! ¡Tanta palabra junta! Escucha.

ALICIA
¿El qué?

PERÍFRASIS
¡El silencio!

ALICIA
¿El silencio?

PERÍFRASIS
Eso he dicho. ¿Es que te lo tengo que repetir todo mil veces?

ALICIA
Lo siento, pero te entiendo.

PERÍFRASIS
Solo en silencio podrás oír lo que verdaderamente importa.

ALICIA
¿Y qué es lo que verdaderamente importa?

PERÍFRASIS
¿Qué va a ser? Los latidos de tu corazón.

ALICIA
¿Los latidos de mi corazón? No creo que pueda oírlos.

PERÍFRASIS
¡Por supuesto que sí! Guardas silencio, oyes dentro de ti
y… ¡*Voilà*! ¡Ahí tienes todas las respuestas!

ALICIA
¿Qué respuestas?

PERÍFRASIS
Las que te han traído hasta aquí.

ALICIA
Mi corazón. Mi verdadero ser. Ya.

PERÍFRASIS
El mismo. Ahora ya puedes irte por donde has venido.

ALICIA
No. (*Se sienta junto a* PERÍFRASIS, *que juguetea con la manzana, sin abandonar la lectura del libro que sostiene con la obra mano.*) Mi madre no quiere que me dedique a bailar.

PERÍFRASIS
¿Tu madre? Pues muy bien.

ALICIA
Se niega a escucharme cuando le digo que es la ilusión de mi vida. Comienza a gritar y a negar con la cabeza en cuanto le saco el tema. Y no entra en razón.

PERÍFRASIS
No le agrada la idea.

ALICIA
Me dice que no. Que no, que no y que no. Que no consentirá jamás que una hija suya sea artista. Que los artistas pasan hambre. Malviven, dice. Y que no quiere eso para mí.

PERÍFRASIS
Trata de protegerte.

ALICIA
No le sirve de nada mi palabra de que me formaré y trabajaré sin descanso para poder vivir del baile.

PERÍFRASIS
Probablemente piense que ya se te pasará.

ALICIA
Trato de entenderla, pero siento que ella a mí no. Supongo que es su forma de quererme, pero no me hace feliz.

PERÍFRASIS
No te comprende, está claro. Ni tú a ella.

ALICIA
No me deja decidir el rumbo de mi vida. Siento mucha frustración. Nunca se lo perdonaré.

PERÍFRASIS
El rumbo puede cambiar. No te frustres.

ALICIA
Me acabo de escapar de casa. Se me ha quedado pequeña.

PERÍFRASIS
Y aquí comienza hoy el baile para ti. ¿A que es así?

ALICIA
Exacto. En este bosque que he convertido en mi refugio. Vengo hasta aquí cada vez que lo necesito. Eres la única persona que lo ha descubierto.

PERÍFRASIS
Siempre me ocurre. Es cuestión de tiempo. El mismo que hace que os encuentre a todos más tarde o más temprano.

ALICIA
No sé a qué te refieres, una vez más. Ni qué piensas de lo que te he contado.

Perífrasis

¿De lo de tu madre? A mí me da exactamente igual lo que tu madre diga o deje de decir, ¡qué quieres que te diga! Honestamente, me importa un pimiento.

Alicia

Lógico. Pero para ella es vital. Lo tiene muy claro.

Perífrasis

(Volviéndose a Alicia.*)* ¿Y tú?

Alicia

¿Yo qué?

Perífrasis

¿Lo tienes claro?

Alicia

¿Yo? Quiero dedicarme a bailar. Es mi sueño. A lo que quiero dedicarme en la vida. Ya te lo he contado.

Perífrasis

Pero no es suficiente.

Alicia

Estoy dispuesta a lo que sea.

Perífrasis

No me lo parece.

Alicia

Estudiaré. Aprenderé. Pasaré hambre si hace falta.

Perífrasis

No, no me lo parece.

ALICIA
¿Qué más hace falta? Di.

PERÍFRASIS
Ya te lo he dicho no sé cuántas veces.

ALICIA
Solo me has mandado a callar.

PERÍFRASIS
Y sigues hablando. Y no me dejas terminar lo que estoy haciendo.

ALICIA
¿Y qué estás haciendo?

PERÍFRASIS
Perder el tiempo contigo.

ALICIA
Gracias.

PERÍFRASIS
Perder el tiempo hablando. Escucha.

ALICIA
¿El qué?

PERÍFRASIS
¡El silencio!

ALICIA
(*Levantándose, harta. Inicia la salida.*) Adiós.

PERÍFRASIS
Pero ¿qué estás haciendo?

ALICIA
    ¿Yo? Nada. ¿Y tú?

PERÍFRASIS
    Leyendo. En cambio, tú… ¿Lo ves? Dices: Voy a hacer…
    Estoy dispuesta a hacer… Pero luego…

ALICIA
    Luego ¿qué?

PERÍFRASIS
    Coges y te vas.

ALICIA
    Porque me cansan tus juegos de palabras.

PERÍFRASIS
    ¿Los míos?

ALICIA
    Los tuyos. Te abro mi corazón, te cuento lo que me pasa y
    tú te ríes de mí.

PERÍFRASIS
    ¿En qué momento?

ALICIA
    ¿Quieres saberlo? Escucha. ¿Lo oyes? ¡Es mi silencio!
    (ALICIA *inicia la salida.* Perífrasis *se encoge de hombros.*
    ALICIA *se arrepiente, se vuelve y se acerca a él.*) ¿Qué dice lo
    que lees? Perdón, lo que estás leyendo.

PERÍFRASIS
    ¿Ahora mismo, por dónde voy? Nada que parezca intere-
    sarte.

ALICIA

(*Mirando la portada.*) ¿Cómo se titula? ¡*Presente*! ¿Y qué pone?

PERÍFRASIS

(*Acercándose a* ALICIA.) Que un corazón decidido, que sabe lo que quiere, mueve montañas. *(Se vuelve a su escaño.)* Ahora adiós. No sé cuándo vas a saber quién eres realmente. Pero al menos ahora ya sabes quién soy yo.

ALICIA *inicia la salida. Aúlla un lobo. Se detiene asustada.*

ALICIA
¿Lo has oído como yo?

PERÍFRASIS
¿El qué?

ALICIA
Los lobos. ¡Ya están aquí otra vez!

PERÍFRASIS
¿Qué lobos? Yo solo veo uno. (*Coge de nuevo la manzana y se dispone a morderla.*)

ALICIA
¿Dónde? (PERÍFRASIS *vuelve a dejar la manzana. Hace una mueca.* ALICIA *reacciona.*) ¿Quién eres? Dime. Creo que sabes más de lo que parece. Aunque sea la primera vez que te veo.

PERÍFRASIS
Pues a partir de ahora me verás una y otra vez.

ALICIA
Eso será si vengo.

PERÍFRASIS

Te equivocas. Necesitarás venir a tu refugio cada día. Y de aquí no me moveré.

ALICIA

Te vas a poner muy visto. Y muy pesado.

PERÍFRASIS

Lo estoy siendo ya. Es mi naturaleza. Va conmigo. Y contigo a partir de hoy.

ALICIA

Si lo llego a saber, no vengo.

PERÍFRASIS

Eso no puede ser. Todos los caminos conducen hasta aquí. Pero tranquila. Esta no es más que una estación de paso. Tu viaje continúa por allí.

ALICIA

¿Por allí por dónde?

PERÍFRASIS

Por allí. O por allí. O allí. Tú eliges.

ALICIA

¿El qué?

PERÍFRASIS

Tu camino.

ALICIA

Quiero a mi madre. No quiero disgustarla. Pero también quiero dedicarme al baile. No sé qué hacer. Tengo miedo.

PERÍFRASIS
¿Miedo? Entonces es por allí.

ALICIA
¿Y si diera el paso?

PERÍFRASIS
(Cierra el libro.) ¿Qué paso?

ALICIA
El de… *(Desiste.)*

PERÍFRASIS
Tienes que decirlo. Decirlo produce el efecto del hacha. Si no, la maleza ocultará el sendero. Y es la única manera de que el lobo no se apodere de ti.

ALICIA
(Comienza a dudar, a estar insegura.) ¿Qué lobo?

PERÍFRASIS
(Muerde al fin la manzana.) Tengo que irme ya. Por hoy es más que suficiente. Se me ha hecho demasiado tarde.

ALICIA
¿A dónde vas?

PERÍFRASIS
Volveré. Te lo prometo.

ALICIA
Apenas te conozco y ya te echo de menos.

PERÍFRASIS
Me suele pasar.

ALICIA
No te vayas. Me agrada tu presencia. Me tranquiliza.

PERÍFRASIS
¡Tan pronto! Sigue andando. Recuerda que este rincón del bosque es solo una estación de paso. Adiós.

PERÍFRASIS *se marcha, arrastrando la cola como si fuera una serpiente.* ALICIA *se siente extraña. Muy sola. Se rasca una oreja. Se da cuenta de que ambas le han crecido. Y que son de lobo.*

Dos mochilas y dos fotos

Nani de Julián

1

El escenario está dividido en tres secciones, cada una representando el dormitorio de un adolescente ucraniano. En el centro, hay una mesa pequeña con dos mochilas, una abierta y otra cerrada. Cada adolescente está frente a sus dos mochilas, preparándose para ir al instituto.

NATALIA, de dieciséis años, está frente a su mochila abierta, doblando cuidadosamente prendas de ropa y colocándolas adentro.

NATALIA

En cada doblez de esta camiseta, imagino el abrazo de madre. Es como si guardase parte de su amor y pudiera protegerme de cualquier peligro que aceche fuera de estas cuatro paredes. Es como... como si parte de mi hogar tuviese que caber en esta mochila...

DMYTRO, de diecisiete años, está llenando la segunda mochila con botellas de agua y barras de energía.

DMYTRO

Necesito asegurarme de tener suficiente agua y comida para sobrevivir hasta que vuelva la calma. No se sabe cuánto tiempo podemos estar en el refugio... La gente se cree que va a sobrevivir con chocolatinas y bollos...

OLENA, *de quince años, está organizando cuidadosamente los libros y cuadernos en la primera mochila.*

OLENA
Odio preparar la segunda mochila. Ya sé que es necesario, que lo hacemos por nuestro bien. Pero lo odio... Es como asumir y normalizar que voy a necesitarla en algún momento. Estos libros son como un refugio para mí también, pero de una manera diferente. Cuando me sumerjo en ellos, me siento como si estuviera escapando de esta realidad.

DMYTRO
Las indicaciones del gobierno son claras. Dos mochilas. Todos los días. Por si acaso nos bombardean y hay que salir corriendo al refugio. La primera mochila es para los libros, los cuadernos y todo eso...

OLENA y NATALIA
Y la segunda mochila...

DMYTRO
En la segunda: algo de ropa, comida y cargador del móvil, aunque no valga de mucho si un misil o una bomba cae cerca de los postes de luz y repetidores de señal...

OLENA
Y dos fotos en papel...

NATALIA
Porque el papel no necesita cargador...

DMYTRO
Lo de las dos fotos es una estupidez que alguien se inventó y que se hizo viral...

OLENA
La primera foto es la de nuestra familia, claro.

DMYTRO
Lo de la primera foto... Bueno... Pero la segunda... ¿Quién la necesita?

OLENA
La segunda es/

El sonido de un avión sobrevolando en la distancia interrumpe. Los tres adolescentes se detienen y miran hacia arriba con expresiones preocupadas. NATALIA *coge sus dos mochilas. Suspira.*

NATALIA
Es hora de ir al instituto. Ojalá hoy no pase nada...

DMYTRO *coge sus dos mochilas y se las engancha en sus hombros.*

DMYTRO
El fin de semana ha estado muy revuelto. Ataques en la periferia, noticias de que nos quedamos sin munición... Con suerte, mucha suerte, tal vez seamos tres o cuatro en clase... La gente tiene miedo. Yo no.

OLENA
(Niega con la cabeza una y otra vez, conteniendo su furia hasta que explota.) ¡Mierda de segunda mochila! ¡Odio tener que llevarte cada día!

OLENA *coge sus dos mochilas y sale.*

2

Los tres adolescentes están sentados en los pupitres de sus respectivas clases, con sus dos mochilas a los pies.

DMYTRO
Sólo estoy yo. Ni siquiera el profe se ha atrevido a venir hoy a clase...

OLENA
Hoy somos siete en clase, cuatro menos que la semana pasada.

NATALIA
Hoy somos cuatro en clase, nueve menos que la semana pasada.

OLENA
El fin de semana ha estado revuelto...

NATALIA
Ataques...

OLENA
Noticias...

NATALIA
Montañas de noticias...

OLENA
Incontables ataques...

NATALIA y OLENA
Pero mis padres dicen que no se puede vivir con miedo. Que hay que seguir haciendo lo que cada uno hacemos, si no, nos convertiremos nosotros solos en vencidos.

NATALIA
Creo que tienen razón.

OLENA
Por eso sigo viniendo a clase.

NATALIA
Pero la gente tiene miedo…

DMYTRO
Yo no.

OLENA
Todo el mundo tiene miedo…

DMYTRO
Yo no.

NATALIA y OLENA
Dicen que hay un chico solo en una clase…

NATALIA
Es el que vino a mitad de curso…

OLENA
El que sobrevivió al ataque de su instituto…

NATALIA
Dicen que murieron todos…

OLENA
Menos él…

DMYTRO
Yo no, yo no, yo no…

NATALIA y OLENA
Ese chico está ahora solo en clase.

DMYTRO
Dicen que somos muy pocos en todo el instituto y que nos van a juntar en una sola clase. Dicen que es para asegurar la calidad de la enseñanza. Pero yo sé que es mentira... Nos juntan a todos por si suena la alarma y tenemos que salir corriendo al refugio/

El sonido de la alarma interrumpe. NATALIA y OLENA *cogen sus segundas mochilas y salen apresuradas.* DMYTRO *se bloquea durante unos segundos, coge su mochila y sale corriendo.*

3

Los tres adolescentes están en el interior del refugio, cada uno en un espacio. Dmytro está sentado en el suelo, cabizbajo, con la mochila abierta y los libros de textos desparramados a su alrededor.
NATALIA y OLENA *permanecen en pie con sus respectivas mochilas a sus espaldas.*

NATALIA
Estar en un refugio no mola...

OLENA
No tiene nada de peliculero...

NATALIA
Estar aquí es sentir miedo...

OLENA
... porque no sabes qué está pasando fuera.

NATALIA
Y porque no sabes cuándo vas a salir y volver casa.

OLENA
Los nervios y el tiempo te consumen por dentro…

NATALIA
Te roen las tripas…

OLENA
Te devoran el alma…

NATALIA
Te trituran la paciencia…

OLENA y NATALIA
Aquí dentro las normas son claras. No nos podemos mover.

NATALIA
Pero…

OLENA
Hay un truco…

    NATALIA *empieza a respirar jadeante, hiperventila.*

OLENA
¡Odio este sitio!

    La hiperventilación de NATALIA *se hace más intensa.*

OLENA
¡Odio este sitio! ¡Odio este sitio!

    NATALIA *es una locomotora a punto de descarrilar.* OLENA
    grita desesperada varias veces.

NATALIA y OLENA
¡Tengo que moverme ya!

Pausa.

NATALIA
Si dices que te está dando un ataque de ansiedad…

OLENA
Te dejan caminar un rato por los pasillos y las salas…

NATALIA *y* OLENA *comienzan a caminar.*

DMYTRO
Lo he ensayado cientos de veces… Cientos de veces… Y cuando ha llegado el momento… Me he equivocado… Tal vez soy idiota. Sí, es eso, soy idiota. Por eso nadie quiere hablar nunca conmigo. Por eso no he conseguido hacer amigos…

NATALIA *y* OLENA *llegan hasta* DMYTRO.

NATALIA
Hola, soy Natalia.

OLENA
Yo soy Olena.

Silencio.

NATALIA
¿Y tú?

DMYTRO
(Silencio.)

OLENA
Eres el chico que estaba solo en clase, ¿no?

DMYTRO
Ese mismo. El que llegó a mitad de curso, el que sobrevivió... Ya sabéis toda la historia.

DMYTRO *suspira.*

NATALIA
¿Y todos estos libros?

DMYTRO
Soy idiota...

OLENA
¡Ostras! ¿Te has equivocado de mochila?

DMYTRO
(Se pone en pie y hace una reverencia.) me presento. Soy Dmitro, el idiota que se ha equivocado de mochila y no tiene ni comida, ni agua, ni ropa. ¡Encantado!

DMYTRO *vuelve a sentarse en el suelo.*

NATALIA
Ni fotos...

DMYTRO
No, ni fotos... Pero eso me da igual... No las necesito.

NATALIA
Todo el mundo necesita las dos fotos.

DMYTRO
Yo no. Tengo a mi familia en mi memoria. Y la segunda foto... pues... no la necesito...

OLENA
Todos la necesitamos.

DMYTRO
Pues te digo que yo no.

NATALIA
Pero la tienes, ¿no?

DMYTRO
¿Pero no ves que me he equivocado de mochila? Y además, no la había echado...

OLENA
¿Por qué?

DMYTRO
Porque no quiero recordar.

NATALIA
¿Es porque están muertos?

DMYTRO
(Silencio.)

> NATALIA *y* OLENA *se miran y deciden sentarse junto a* DMYTRO. OLENA *saca una foto de su mochila.*

OLENA
Estos son los míos. Somos bastantes. A algunos hace tiempo que no les veo porque no vienen a clase. Cuando funcionan los móviles nos mandamos mensajes...

NATALIA
(Saca su foto.) Estas son las mías. Sólo cuatro, pero como

si fuésemos hermanas... Nos conocemos desde la guardería...

DMYTRO

Chicas, os agradezco lo que intentáis hacer... Pero, de verdad, esto de la foto de los amigos es sólo una memez viral.

OLENA

No es una memez. Para mí, ver una foto en la que salen todos mis amigos es un flotador, un salvavidas al que agarrarme.

NATALIA

Para mí es como entrar en una habitación donde soy feliz aunque lluevan bombas... Esta foto sí que es un refugio.

DMYTRO *suspira.*

NATALIA

Se me ha ocurrido una cosa... (*Busca en su mochila y saca un móvil que enciende.*) Estaba reservando la batería, pero vamos a hacernos una foto.

OLENA

¡Sí! Y cuando salgamos de aquí la imprimimos.

NATALIA y OLENA

¡Para tu segunda mochila!

Los tres adolescentes miran a cámara.
Click y oscuro final.

POR NOSOTROS

José Aurelio Martín

Luz blanca. Mármol. Como un templo. Silencio. Orden.
Murmullo de tecleo. Un NIÑO *entra en el templo.*

NIÑO
Buenos días.

Todas las caras que hacen pacientemente cola se dan la vuelta.
El tono potente del NIÑO *ha roto el silencio de mármol.*

NIÑO
Hola, buenos días, quiero hablar con quien lleve esto.

El CAJERO *que atiende sale de su puesto y trata de sofocar el*
volumen o las palabras del NIÑO.

CAJERO
¿Vienes solo?

NIÑO
Buenos días.

CAJERO
No puedes venir sin tus padres aquí.

NIÑO
En la puerta no lo pone.

CAJERO
No, no lo pone, pero se da a entender.

NIÑO
Pues yo no lo entiendo.

CAJERO
¿No tienes colegio?

NIÑO
Esto es más importante.

CAJERO
Dame el teléfono de tus padres para llamarlos.

NIÑO
(Eleva la voz.) Quiero hablar con el jefe de esto.

CAJERO
Baja la voz, estás molestando a estos señores.

HOMBRE DE LA COLA
A mí no me molesta.

MUJER DE LA COLA
Es muy pequeño para estar aquí.

> *Sale el* DIRECTOR *del banco de un despacho con la luz más fría y el mármol más silencioso.*

DIRECTOR
Me dices qué pasa, Roberto.

CAJERO
Este chaval que se ha colado aquí cuando debería estar en el colegio.

DIRECTOR
¿Qué quiere?

HOMBRE DE LA COLA
Quiere ver a quien lleve esto, al jefe.

MUJER DE LA COLA
Eso ha dicho, tampoco ha dicho nada malo.

DIRECTOR
(Incómodo.) Pasa a mi despacho.

NIÑO
¿Dónde está eso?

CAJERO
Ahí dentro, donde la luz blanca.

El chaval entra en el despacho, el DIRECTOR *le ofrece una silla y le dice que espere mientras cierra unas ventanas en el ordenador. En realidad no cierra nada, solo hace tiempo para pensar lo que va a decir al cliente, o sea, al chaval.*

DIRECTOR
Pues usted dirá.

NIÑO
¿Tú mandas aquí?

DIRECTOR
Un poco, bueno, tampoco mucho, lo normal.

NIÑO

Es que si no mandas no te lo digo porque no va a servir de nada.

DIRECTOR

Tú dime, si puedo ayudarte, estaré encantado de hacerlo.

NIÑO

El otro día encontré a mi padre llorando a escondidas en el baño, le pregunté qué le pasaba y me dijo, nos van a quitar el piso, yo le pregunté quién, y él me dijo, pues el banco, quién va a ser, y por eso he venido, para hablar con alguien que mande y pedirle, por favor, que no lo haga, que mi padre es bueno, que trabaja todo el día y que no se gasta el dinero por ahí.

DIRECTOR

No sabía yo que hoy no había colegio.

NIÑO

Sí hay colegio, pero esto es más importante, ¿a que es más importante? Si a ti el banco te quitara la casa, ¿irías al colegio o irías al que manda más en el banco para que no hiciera algo tan injusto?

DIRECTOR

¿Tus padres saben que estás aquí?, ¿que te has saltado el colegio?

NIÑO

Responde a la otra pregunta.

DIRECTOR

Cuando respondas tú a la mía.

NIÑO

Yo te la he hecho antes y además la mía es más importante.

DIRECTOR

La respuesta a tu pregunta no la puede entender un niño.

NIÑO

No, es una respuesta que está dentro de la pregunta, solo tienes que elegir, ¿irías al colegio o irías al jefe del banco para que no hiciera algo tan injusto?

DIRECTOR

Iría al banco para informarme bien, las cosas no son tan fáciles.

NIÑO

Lo que veo es que es muy fácil quitar una casa a un padre que trabaja todo el día y que es muy buena persona. Eso lo veo muy fácil.

DIRECTOR

Cuando uno compra una cosa tiene que ser capaz de pagarla, si no, mejor no comprarla.

NIÑO

Mi padre no se compró una Coca-Cola de capricho, mi padre se compró una casa para que mi padre, mi madre, mi hermanita y yo podamos vivir y no dormir en la calle como los perros vagabundos y las ratas.

DIRECTOR

No lo sé, la verdad es que debería seguir trabajando y tú deberías volver al colegio.

NIÑO

¿Trabajando en qué?, ¿en quitarle la casa a mi padre?

DIRECTOR

Mira, chaval, no sé siquiera si tu padre es cliente de nuestro banco...

NIÑO

¿Esto es un banco, no?

DIRECTOR

Sí, pero hay muchos bancos.

NIÑO

Bueno, pero todos tenéis los datos de todos nosotros, ¿no?

DIRECTOR

Para nada.

NIÑO

¿Cómo que no? Mi padre dice que el banco sabe todo, hasta cuando vamos a cagar.

DIRECTOR

Eso es una manera de hablar, fea además.

NIÑO

Cagar es algo natural, lo hacemos todos, tú también.

DIRECTOR

Es mejor que *usté (Remarca el pronombre formal.)* diga defecar.

NIÑO

No sé lo que es eso, ni me importa. Solo me importa saber si en lo que usted está trabajando es en quitar la casa a mi padre y a mi madre y a mi hermanita.

DIRECTOR

Estás a punto de agotar el tiempo de la cita.

NIÑO

No tengo nada más que decirle. Creo que se lo he dicho todo.

DIRECTOR

Muy bien, pues hasta luego.

NIÑO

Mañana vendré a ver si *usté (Remarcando.)* ha hecho bien su trabajo.

DIRECTOR

Siempre trato de hacerlo bien.

NIÑO

Entonces puedo estar tranquilo sabiendo que tu banco no le quitara la casa a mi familia.

DIRECTOR

Claro

NIÑO

Eso sería un buen trabajo.

DIRECTOR

Sí.

NIÑO

Un trabajo bien hecho.

DIRECTOR

Desde luego, adiós.

> *El* NIÑO *se marcha, el* DIRECTOR *se acerca al* CAJERO *que atiende en ese momento al hombre que estaba en la cola y*

había intervenido cuando el NIÑO *irrumpió en el templo, y le dice algo al oído, en susurros.*

HOMBRE DE LA COLA
Un cliente complicado, el niño.

El DIRECTOR *le mira, no sabe si se dirige a él o al* CAJERO. *Antes de marcharse el* HOMBRE DE LA COLA *vuelve a insistir.*

HOMBRE DE LA COLA
Voy a tener que traer a mi nieto, a ver si así me atiende el director.

El DIRECTOR *se frena, de espaldas al hombre, duda en darse la vuelta. Todavía de espaldas, el* DIRECTOR *se expresa en un tono muy contundente.*

DIRECTOR
Roberto, por favor, la próxima vez haz bien tu trabajo, como yo intento hacer bien el mío.

CAJERO
Por supuesto, no lo dude.

HOMBRE DE LA COLA
(Tras un tenso silencio.) Aquí todos hacemos bien nuestros trabajo, no se preocupe, nosotros, como clientes, hacemos siempre bien nuestro trabajo, no tenemos otra opción, somos ejemplares.

CAJERO
Sí, le saco la fotocopia del pago y ya estaría todo.

HOMBRE DE LA COLA
Gracias, lo malo es que un cliente no haga bien su trabajo,

ahí la cosa se complica, parece que el padre del chaval no ha hecho bien su trabajo y por eso tiene que venir el chaval a pedir perdón, a pedir otra oportunidad, pero el banco no da segundas oportunidades porque el banco siempre hace bien su trabajo, no falla, y, por tanto, en buena lógica, no da segundas oportunidades.

Cajero

Sí, aquí está la fotocopia, buenos días.

Hombre de la cola

Supongo que hoy me llamarán también al teléfono para ver el grado de satisfacción en la calidad del servicio de mi banco, ¿no?

Cajero

Sí, es algo habitual para mantener los estándares de calidad.

Hombre de la cola

Sí, es una pena que a una máquina no le pueda decir lo mucho y bien que han hecho hoy ustedes su trabajo, sobre todo con ese chaval. Una pena. Adiós, buenos días.

Cajero

Que tenga un buen día. Siguiente, buenos días.

Mujer de la cola

Buenos días.

Cajero

Dígame, en qué puedo ayudarla.

Silencio. La Mujer *se queda mirando al* Cajero. *Nunca el silencio significó tanto.*

MUJER DE LA COLA
¿Seguro que no puedes hacer algo?

CAJERO
No. Desgraciadamente solo puedo hacer mi trabajo. Y hacerlo bien, porque si no, usted ya me entiende, me quedo sin trabajo.

MUJER DE LA COLA
Podría ser mi nieto, podría ser tu hijo o, lo peor, podrías ser tú mismo cuando eras pequeño.

CAJERO
Podría, pero no, la realidad es la realidad.

MUJER DE LA COLA
La realidad es la realidad, la injusticia es la injusticia, la pobreza es la pobreza, y yo soy yo, y tú eres tú y él es él, y nosotros, ¿somos nosotros?

CAJERO
Disculpe, hay mucha cola.

MUJER DE LA COLA
Claro, claro. Quiero sacar todo mi dinero.

CAJERO
Eso no se puede de un día para otro.

MUJER DE LA COLA
Espero. No tengo nada que hacer, soy jubilada.

CAJERO
Pero ¿quiere cerrar la cuenta?

Mujer de la cola

No, quiero mantener un céntimo, para que a usted no le echen la bronca por haber perdido un cliente. Si cierro la cuenta, la culpa será del último, o sea, de usted.

Cajero

Gracias.

Mujer de la cola

Nada, lo hago por nosotros.

Cajero

¿Por nosotros?

Mujer de la cola

(Mirándole a los ojos intensamente.) Sí, por todos y cada uno de nosotros.

Nomofobia

Tamara Monzón

Dramatis personae: MARTINA (quince años), YAGO (trece años).
Sobre el lenguaje: En esta pieza, se utilizan palabras/expresiones relacionadas con las redes sociales y otras inventadas por los personajes. Para destacarlas, irán en cursiva.
Sugerencias para la interpretación:
—Algunas imágenes que aparecen en las acotaciones pueden ser proyectadas en la escena.
—Se recomienda distinguir lo que está escrito en el cuaderno de Martina de la palabra que es dicha por los personajes. Por ejemplo, se puede jugar a interpretar lo escrito como si se tratara de la típica voz de doblaje de película y lo dicho ser más naturalista.

DÍA 1

MARTINA *entrega su teléfono móvil con reparo. A cambio, le dan un cuaderno. Escucha atenta. Lanza el cuaderno. Vuelve a escuchar y coge con desgana el cuaderno. Busca un bolígrafo y escribe.*

MARTINA
Hola. Me obligan a escribir aquí. Para que se «me quite el

mono». Tengo quince años, ¿qué mono voy a tener? No soy una yonki de por ahí. Estoy castigada sin ordenador, sin móvil y sin vida. Quieren que me muera de asco.

MARTINA *dibuja un monigote.*

Ya está, he escrito en el maldito cuaderno. ¿Contentos? Me estáis mirando. Pues seguiré escribiendo palabras sin sentido hasta que dejéis de hacerlo, no voy a contar nada más. ¿Por qué? Porque luego vais a *stalkear* cada página y no me da la gana. ¿Ya os vais? Pues fin. Adiós, cuaderno.

MARTINA *cierra el cuaderno y lo deja sobre su escritorio.*

DÍA 2

MARTINA *se está pintando las uñas. No consigue hacerlo bien y acaba quitándose todo el esmalte.*

DÍA 3

MARTINA *está leyendo un libro, no consigue concentrarse y lo acaba dejando. Se muerde las uñas.*

DÍA 4

MARTINA *discute con su hermano. Coge el cuaderno y escribe.*

MARTINA
No es justo. Yago está viciado al móvil, no me lo deja y encima está vacilándome de todo lo que puede ver en *Tik Tok*. Él puede y yo no. Se burla de mí y que si os lo digo,

me acabáis regañando porque estoy castigada sin Internet. Siempre igual, como es un chico se lo permitís todo. Si llega un poco más tarde no pasa nada, pero si lo hago yo me decís que soy una irresponsable, que tan tarde en la calle puede venir cualquiera a hacerme daño. Espero que leáis esto y os deis cuenta de lo machista que es todo. Y, ¡ah!, no os penséis que voy a utilizar más este cuaderno. Esto es para hacer una queja formal por escrito.

DÍA 4 (más tarde)

MARTINA *coge el cuaderno para escribir.*

MARTINA
Estoy aburrida. Muy aburrida. He terminado los deberes, en la tele no echan una mierda, no puedo salir a dar una vuelta y está siendo el fin de semana más largo de la historia. Y la solución que me da mi madre es que salga a correr o que, si quiero, me acompaña a patinar. No me apetece, mamá. Me ha recordado que la psicóloga ha dicho que tengo que escribir en el maldito cuaderno. ¿Qué queréis qué escriba? Me aburro, me aburro y me aburro.

DÍA 5

MARTINA *está temblando. Coge aire, cierra los ojos y cuenta hasta diez. Tiembla, pero menos. Coge el cuaderno y escribe.*

MARTINA
Hoy ni mis amigas me han dejado ver las redes porque habéis hablado con ellas. ¿Os parece normal? He discutido con Patri y le he dicho que no me hable en la vida. Una amiga te apoya y no te da la espalda. ¿Qué va a ser

de mí cuando no sepa qué decir? Si no he visto el último *Unboxing* de Súper Mary, no he hecho el *dance challenge* de la última canción de Karol G, o no he visto los *reels* que me han pasado por privado, o las *stories* que han subido..., llegará un momento en el que la gente me repudie, porque no voy a tener nada en común. Voy a estar *fuerísima* por vuestra culpa. ¿Queréis eso para vuestra hija? ¿Queréis que se críe sola?

DÍA 6

MARTINA *imita a su madre.*

MARTINA
«Hija, esto es por tu bien. ¿No te das cuenta? No vuelvas a coger a escondidas mi teléfono, no es bueno para tí. Anda, ven y dame un abrazo. Yo lo estoy pasando igual de mal que tú, mi niña. Cuando seas madre comerás huevos». Vaya expresión más tonta. Los huevos se comen, a no ser que te den alergia o asco y, entonces, no se comen. Pero con lo que le gusta a mi madre echarle huevo a absolutamente todo, me paso el día comiendo huevos. No tiene sentido... si ya me los como, para qué me amenaza: «Cuando seas madre comerás huevos». Menudo *fake* de refrán.

DÍA 7

MARTINA *saca el cuaderno de su mochila, y escribe en un rincón del instituto.*

MARTINA
En el descanso, he pedido a Erika que me deje su móvil para meterme en mi cuenta porque me había dejado el

mío en casa, y me ha dicho que qué raro, que lleva varios días sin verme con el móvil. «¡Con lo que tú eres!». Lo que yo soy... Es muy exagerada. Lo uso lo normal, a ratos, para matar el aburrimiento. Se ha puesto muy pesada y le he tenido que decir que estoy castigada. Y como insitía e insitía pues le he dicho que mi hermano, el idiota, *me la ha liado* y por su culpa estoy así. Parece que *ha colado.*

DÍA 7 (Más tarde)

YAGO *coge el cuaderno, lee, se ríe y escribe.*

YAGO
Yo no te he liado ninguna cosa y si te pensabas que tu cuaderno de *lerda* iba a ser imposible de leer, espabila. Mételo en una caja o algo. Que lo tienes ahí encima del escritorio, como si quisieras que todo el mundo mirara tus pensamientos y se leyera lo que estás haciendo y lo enfadada que estás porque no tienes móvil. Te falta poner un cartel que ponga: comenta y suscríbete a mis páginas. *Influlerder.*

YAGO *dibuja a* MARTINA.

DÍA 7 (Mucho más tarde)

MARTINA *lee, escribe y deja el cuaderno junto a su hermano.*

MARTINA
¿Tan poco interesante es tu vida que tienes que cotillear la mía? Eres un caramoco.

YAGO *lee y escribe.*

YAGO
Friki.

YAGO *entrega el cuaderno a su hermana.* MARTINA *lee y escribe.*

MARTINA
Ja, ja, ja. Tú más.

YAGO *se sienta junto a su hermana, lee y le quita el bolígrafo para escribir.*

YAGO
No te has reído y has puesto «ja, ja, ja». Ridícula.

YAGO *sonríe y le da el bolígrafo a su hermana.* MARTINA *responde en el cuaderno.*

MARTINA
Me he reído por dentro.

MARTINA *le da el bolígrafo a su hermano. Su hermano dibuja una caca sonriente como la de Whatsapp,* MARTINA *se ríe.* YAGO *habla.*

YAGO
¿Estás mejor?

MARTINA
Tengo ratos… Lo echo de menos. Pero al menos ya no me falta el aire y no siento mi mano «vacía».

YAGO
En la mano tienes los dedos, no está vacía. *(Deja el cuaderno sobre las manos de* MARTINA.*)* Los dedos y tu cuaderno, claro.

MARTINA
¿En serio?

YAGO
¿Tú me ves reirme?

MARTINA
Te está temblando el *morrete*.

YAGO
(Aguantando la risa.) No…

> YAGO *se ríe y* MARTINA *también.*

YAGO
¿Sabes que «nomofobia» podría ser fobia a los gnomos?

MARTINA
Eres más bobo…

> *Vuelven a reír.*

YAGO
¿Quieres que hagamos un rato el mongolo con los patines?

MARTINA
Pero si tú no sabes patinar…

YAGO
Me puedes enseñar, a ti se te daba muy bien.

MARTINA
¿Pero tú tienes patines?

YAGO
Me pongo los tuyos.

MARTINA
¿Con esos *pedazo* de pies que tienes ahora?

YAGO
Puedo meter las puntillas y patinar como una bailarina.

MARTINA
(Ríe.) No *te flipes*…

YAGO *le da un puñetazo cariñoso en el brazo.*

YAGO
¿Por qué dejaste de patinar?

MARTINA
No sé…

YAGO
Mola más que bailar al móvil con un filtro que te pone la cara rara.

MARTINA
Ya, no sé…

YAGO
¿Te *ape* dar un paseo y ya está?

MARTINA
Vale.

YAGO
Estás sonriendo, *influlerder*.

MARTINA
Calla, friki.

Salen de escena. El cuaderno se queda abierto por la página de la caca sonriente.

ÍCARO NO SABE VOLAR

Antonio Miguel Morales Montoro

A Alexander, por volar sin miedo al Sol

El caos. Un océano y un laberinto son la imagen que tengo del caos. Los pasillos de un instituto donde me adentro mientras suben mis pulsaciones como si al final de la línea de baldosas gastadas me esperase un pistolero de esos que salen en las películas antiguas que le gustan a mi abuelo. Me sudan las manos. No sé si alguna vez volveré a escribir alguna línea en mi diario. Después de aquello no lo sé.

— Dame mi diario.
— ¿A ver, qué pone aquí? ¿Este poema lo has escrito tú?
— ¡Te he dicho que me lo des!
— A ver… Parece que te gusta este cantante… ¡Tienes todas sus fotos!
— ¿Por favor, me lo puedes devolver?
— ¡Nenaza!
— ¡No lo rompas! ¡Por favor!

Mi súplica no sirvió de nada. Arrancó las hojas una a una, las arrojó por la ventana de la clase y las vi caer al patio y deslizarse como sueños huidizos por el cemento gris. Me mordía las lágrimas con rabia para no darle el gusto de verme llorar.

— Mamá, me duele la barriga.

— ¿Otra vez, hija?

— Y tengo mareos.

— Levántate que vas a llegar tarde.

— De verdad que estoy mala, mamá.

— Esto no puede seguir así. Tienes que acostumbrarte. Son los efectos de las hormonas, pero no puedes perder ni una clase más.

Vuelta a empezar. Aquel laberinto de pasillos me hacía sentirme como pienso que se sentiría Bambi en un coto privado de caza. Mamá ya no daba nunca su brazo a torcer. Se me habían acabado las excusas: dolor de barriga, dolor de cabeza, mareos, torceduras falsas de tobillo, alergias alimentarias y demás inventos ya no funcionaban. Mi madre se había cansado de mí. Ya era lo único que me faltaba, que no me comprendieran ni en casa. Lo último, vaya.

— ¿Cómo está tu novio?

Silencio.

— Vienes hoy muy mona a clase.

Más silencio.

— Te están saliendo tetas. ¿A ver?

Aquella vez no pude aguantarme. Sé que no tengo excusas. A la violencia no se debe responder con violencia. Pero me estaba tocando y lo empujé. Lo empujé con fuerza. Mis pechos eran cada vez más visibles, pero eran míos y nadie podía tocarlos sin permiso.

— Eres un tío, aunque te hinches las tetas con pastillas, marica.

Iba a golpearle, pero alguien me agarró por detrás: era alguien que lo había oído todo y que me conocía lo suficientemente bien como para entender mi ira.

— La violencia no trae nada bueno, Ale. Ven a mi despacho.
— Yo no he hecho nada.
— Ya me explicarás cuando vengas. En una hora te quiero allí.
— No es justo.
— No hay excusas. Si no vienes habrá consecuencias.

Por más que quisiera entender a Toni, el orientador de mi centro, no podía hacerlo. Él había vivido día a día mi transformación. Mi disforia de género comenzó a notarse en el primer curso de ESO. Ahora estoy en Cuarto, y Toni ha vivido todo el proceso conmigo. Gracias a él conocí a mis personas referentes, transexuales como yo, que me ayudaron a entender que era posible salir de ese cuerpo que se había convertido en cárcel. Pero ahora sin embargo me llamaba a mí a su despacho para reprenderme, cuando sabía que eran otros los que me hacían la vida imposible en el Centro. Qué asco de vida.

— No digas eso, Ale.
— Es que es un asco.
— Estoy aquí para ayudarte.
— Pues no lo parece, Toni.
— La realidad y las apariencias la mayoría de las veces no son la misma cosa. Y tú lo sabes mejor que nadie, Ale. De eso no te voy a dar yo lecciones…
— Entonces… ¿qué hago aquí?
— Tienes que contar en casa lo que te está pasando en el instituto. Está en vuestras manos denunciar por acoso.
— No quiero hacerlos sufrir más. Además, no va a servir de nada. Si los denuncio por acoso me van a hacer la vida todavía más imposible. ¿No lo comprendes, Toni? Ya me han

dado suficiente caña y no quiero sufrir más. Tengo miedo, joder.
— Tu madre está de acuerdo. Ya hablé con ella. Solo nos falta tu consentimiento.
— Ya te advertí de que no la metieras en esta mierda.
— Eres menor de edad y tu madre debe estar informada.
— No pienso contarte nada nunca más a ti tampoco. ¡¡Nunca más!!

Llaman a la puerta. Me sudan las manos, como siempre que estoy nerviosa. No me importaría en este momento convertirme en charco y desaparecer. Un charco que desembocara en un océano. Un océano y un laberinto son la imagen que tengo del caos...

— Ya ha llegado. Ha venido alguien que quiere contarte algo.
Toni siempre guarda un as en la manga. Es una especie de mago de las emociones. Algunas veces pienso que Toni tiene micrófonos ocultos en las aulas y en los pasillos, porque no es posible que le lleguen todos los chismes del instituto. No se le escapa nada. Es increíble.
— Te presento a Mari.

Allí está Mari: es una mujer joven y guapa. Tiene el cabello recogido en un moño alto del que se escapan dos bucles rebeldes. Me fijo en sus manos rojizas y nerviosas. La conozco de algo. Ya sé. Es la limpiadora de la consulta de psicología donde voy a terapia. Por eso tiene las manos rojizas: los productos de limpieza dejan huella.

— Hola, Ale.
No contesto. Son ellos los que deben hablar. No pienso decir ni una palabra.
— Mari es la madre de Dana, una chica de Primero F.

No pienso hablar. Soy de ideas fijas. Pienso en escapar de allí como Ícaro del laberinto. Construiré mis alas mentalmente para huir. A partir de ahora ese será mi único objetivo.
— Dana es una chica trans, como tú. Está sufriendo acoso. Queremos que hables con ella. Los mismos que te hacen a ti la vida imposible se la hacen a ella. Pero Dana está empezando y tiene miedo. Necesita un referente.
— Por favor, Ale.
— Tú puedes ser su referente.
— Ale, ¿no dices nada? Sabes lo importante que fue para ti tener referentes...

Modelaré mi vuelo con unas alas hechas a medida. Y volaré muy alto, tan alto como Ícaro.

— Mi hija tiene trece años y ha perdido la ilusión por vivir, Ale. Si presentamos una denuncia conjunta tendremos más fuerza. Por favor, necesitamos que la ayudes.
No contesto. Ante mi obcecación no hay nada que hacer. Mis alas han surtido efecto. Suena el timbre. Ha llegado la hora de escapar.
— Tengo examen.
— Puedes irte ya, Ale. Piénsate lo que te hemos pedido.
No tengo ánimos para asimilar lo que me han dicho. Si denuncio no me dejarán en paz. Ellos no lo entienden. No saben lo que es que te soplen la nuca por los pasillos. No lo saben ni nunca lo sabrán. Eso solo lo sabemos Dana y yo.
¿Qué pasa? ¿Pero que pasa? Veo un corrillo en el pasillo de primero. Varios chicos empujan a Dana.
— Dejadla en paz.
— ¿La vas a salvar tú?
— He dicho que la dejéis.
La tomo de la mano. Siento que alguien me ha escupido, pero me entretengo en sonreír a Dana.
— Las mujeres como nosotras somos hermanas para toda la vida, le digo.

Dana me devuelve la sonrisa. Saca un lápiz de ojos de su estuche.

— ¿Te hago la raya?

— No me gusta pintarme, pero si a ti te gusta, adelante.

Me pinta la raya del ojo con determinación. Yo le seco las lágrimas mientras pienso en compartir mis alas con ella. Me abstraigo. Pienso en Ícaro. En realidad, sus alas no le sirvieron para escapar, porque el sol las derritió y se rompió los sesos contra el suelo. No sé cómo he podido pensar que el instituto era un laberinto y que yo era Ícaro. No pienso escapar de allí porque tengo derecho a estudiar aquí, a ser feliz aquí, a resistir aquí. Resistir para cambiar las cosas, no volar para escapar de ellas. Yo soy Ale y ella es Dana. Nosotras sabemos cuál es nuestro nombre. Y ahora mismo vamos a abrir entre las dos un protocolo de acoso. Porque no vamos a permitir que nuestra vida sea un cuento contado por un idiota. Para volar solo necesitamos darnos la mano. Ya estamos en la puerta del Departamento de Orientación. Nos abre Toni.

— Os estaba esperando.

Nos sentamos en la mesa; Dana dice que soy un desastre y ríe a carcajadas mientras me corrige con sus dedos pequeños la línea de los ojos y me confiesa al oído que Toni es su profe favorito y que yo siempre seré su mejor «amigui».

Es entonces cuando abrazo a Dana y percibo en la mirada de Toni un brillo que calienta más que el sol. Salimos del despacho y sentimos que aquellos pasillos también serán nuestros a partir de ahora: porque si Ícaro no sabe volar, alguien tendrá que enseñarle a hacerlo.

LOS DEVOTOS

Antonio Oliveira

Salón de un restaurante. Mesas ocupadas por comensales diversos: familias con hijos, parejas, distintos sexos, ideologías, razas y procedencias. Pero todos tienen una misma creencia. No hablan. Apenas pestañean delante de sus consumiciones siendo consumidos ellos mismos por el brillo que emiten las pantallas de sus móviles. Ninguno despega la mirada de su teléfono. Llega un nuevo CLIENTE. *Se sienta. Saluda. Nadie le contesta. Observa a los demás. Empieza a buscar en la mesa, bajo la servilleta, por el suelo… Llama al* CAMARERO.

CLIENTE
Disculpe, por favor.

CAMARERO
Dígame, caballero. ¿En qué puedo atenderle?

CLIENTE
No veo la carta. Si fuera tan amable.

CAMARERO
(Señala a una pegatina que hay encima de la mesa.) Aquí tiene el código QR. Ahí podrá ver la carta al completo, con la recomendación del chef y el menú que tenemos hoy. *(Se va.)*

El Cliente *la observa. Vuelve a mirar a los demás. Pide ayuda a alguien, pero nadie le hace caso.*

Cliente
(Al Camarero.) Disculpe que vuelva a molestarle. ¿Sería tan amable de traerme la carta en papel?

Camarero
¿Cómo? ¿En papel?

Cliente
Sí. Es que no tengo teléfono móvil.

El Camarero *tira su bandeja y está produce un gran estruendo contra el suelo. Todos los Comensales vuelven horrorizados su mirada al* Cliente. *Caen los cubiertos, bocas abiertas, inquietud y parálisis general. El* Camarero *huye despavorido.*

Comensal 1
¿Has oído eso?

Comensal 2
(Tapándole los ojos a su hijo.) Cariño, no mires eso.

Niño
¡Yo quiero verlo!

Otro niño
(Llorando.) Mamá, ¿qué ha dicho ese señor? Tengo miedo.

Mamá
Nada, cariño. No ha dicho nada. Sigue mirando tu móvil. Si sigues mirando la pantalla no te pasará nada.

Comensal 3
¡Qué desfachatez! Esto es inaceptable.

COMENSAL 4

Este sitio ya no es lo que era. Dejan entrar a cualquiera.

COMENSAL 5

Felisa, querida, ¿qué te pasa?

FELISA

Creo que voy a vomitar.

COMENSAL 5

Tranquila, ya viene el camarero. Todo se va a solucionar.

En este momento un foco de luz ilumina a una pareja de jóvenes que se miran de frente, aturdidos, con dificultades para respirar, como dos peces a los que hubieran sacado del agua. También a ellos les ha producido una enorme conmoción lo que ha dicho el CLIENTE. Entonces, toda la acción se rebobina hasta el inicio de la escena, realizando los personajes todos los movimientos hacia atrás, acompañados por una cómica melodía de cine mudo, justo hasta que entra el CLIENTE en el restaurante. Los jóvenes están ahora como al principio, es decir, pegados a sus teléfonos. Mueven los dedos sobre los móviles de forma compulsiva. Ella hace una foto de la comida. Él se hace un selfie *con una botella. Pero no comen ni beben. Hablan entre ellos sin mirarse, de manera un tanto entrecortada, con ligera entonación de autómatas, al ritmo de la escritura de los mensajes que se mandan. Al mismo tiempo, en sombra y silenciada, se desarrolla de nuevo la escena anterior del* CAMARERO, *el* CLIENTE *y los demás comensales.*

ELLA

¿Con quién te escribes?

ÉL

Con los del equipo. El sábado tenemos partido. ¿Y tú?

ELLA
Con mi madre. Quiere ir mañana de tiendas, por las rebajas. Pero no me apetece.

ÉL
Ah.

ELLA
Pues sí.

ÉL
La cuenta es 38,50.

ELLA
¿Vamos a escote?

ÉL
Claro. ¿Hacemos un bizum?

ELLA
Por supuesto. 19,25 yo.

ÉL
19,25 yo.

Silencio.

ELLA
No dejan de mandar imágenes de la guerra.

ÉL
Son unos pesados.

ELLA
Unos morbosos. Estoy mirando en el Amazon para

comprarme unas zapatillas, y no dejan de salirme anuncios de oenegés contra la guerra.

ÉL

Siempre igual. Te paso una aplicación que bloquea esos rollos.

ELLA

Gracias.

ÉL

¡Qué bien! Otra vez hemos sido campeones.

ELLA

¿De qué?

ÉL

Del mundo.

ELLA

¡Qué bien! ¿Ya te he dicho que mañana empiezan las rebajas?

ÉL

No lo sabía.

ELLA

Sí, te lo había dicho. Iré con mi madre.

ÉL

Ah.

ELLA

Ya están otra vez con lo de la guerra. Y me salen noticias de no sé qué inflación.

ÉL

¿De qué?

ELLA

Las noticias son un rollo.

ÉL

Ya te digo.

ELLA

Es que te bombardean.

ÉL

¿Has descargado la aplicación que te he enviado?

ELLA

¿Qué aplicación?

ÉL

La de bloquear noticias.

ELLA

Ah. Es que estaba viendo un *short*.

ÉL

Descárgatela.

ELLA

Tienes razón. Mira, otra noticia de los emigrantes. Qué pesados, si saben que el viaje es tan peligroso, ¿por qué no se quedan en su casa? Cómo está el mundo...

ÉL

Fatal.

Justo en este instante se oye decir al CLIENTE *que no tiene teléfono móvil. Se repiten los lamentos de todos los* COMENSALES *y la pareja de jóvenes se estremece. Cada uno levanta su vista de los teléfonos. Se miran cara a cara, atolondrados, boqueando como peces a los que hubieran sacado de su pecera.*

ELLA

¿Juan?

ÉL

¿Ana?

ELLA

¡Vaya! Eres más guapo que en tu foto de perfil. Y tienes los ojos verdes.

ÉL

Y tú tienes mejor color de piel que en tus selfies. *(La huele.)* Y hueles muy bien.

ELLA

Tú también…

Tímidamente se entrelazan las manos. Se miran un rato como si fuera la primera vez que lo hacen.

ÉL

Hagamos una foto de este momento inolvidable *(Se la hacen. Van a besarse, pero Ana tiene una ocurrencia.)*

ELLA

¡Voy a subir la foto a Instagram!

ÉL

¡Buena idea! Pero pásamela. La voy a poner de fondo de pantalla.

> *Vuelven cada uno a su móvil, a pegar los ojos en la pantalla, a hablar con el mismo tono levemente maquinal.*

ELLA
Muy buena la aplicación.

ÉL
¿Qué aplicación?

ELLA
La de bloquear noticias.

ÉL
Te lo dije, es de lo mejor.

ELLA
Ahora sólo me salen anuncios de ropa y ofertas de vacaciones.

ÉL
Me alegro.

> *Se ilumina toda la escena. Regresa el* CAMARERO *con el* GERENTE *del local. El* CAMARERO *señala hacia el* CLIENTE *y se esconde tras el* GERENTE.

GERENTE
Caballero, permítame que me presente. Soy el gerente del restaurante. ¿Hay algún problema con la carta?

CLIENTE
Yo… vera… Es que soy incapaz de descifrar lo que dice este código, este… el… el QL…

GERENTE
QR, caballero, si me permite la corrección. Q-R.

Cliente

Sí, eso es. El QR. Resulta que no puedo saber lo que hay detrás de ese código porque no tengo móv…

Gerente

¡Por favor! *(Bajando la voz.)* Por favor. El camarero que atiende su mesa ya me ha dicho qué es lo que usted no tiene. No es necesario que lo repita. Este es un local decente, y nuestra clientela no tiene por qué presenciar este espectáculo tan desagradable.

Cliente

Lo siento. Yo solamente quiero comer. Sólo he pedido la carta.

Gerente

(Al Camarero.) ¡José María! *(El Camarero extiende, tembloroso, una carta de papel al Cliente.)*

Cliente

Muchas gracias.

Gerente

Bien, espero que sea de su agrado. Pero piense en el flaco favor que le hace a la sostenibilidad de nuestro planeta al utilizar esa carta en lugar del código QR. Y ahora, si nos disculpa.

> *El Gerente y el Camarero salen del salón. Mientras el Cliente lee la carta, los Comensales despegan de vez en cuando sus miradas de los teléfonos para acribillarlo con miradas cargadas de profundo desprecio. Finalmente, el Camarero toma nota y sirve con incontenible temor al Cliente. Tras regalarse con los distintos platos, el Cliente llama al camarero.*

CLIENTE
¡Oiga! ¡Oiga!

CAMARERO
Dígame.

CLIENTE
La cuenta, por favor.

CAMARERO
Inmediatamente. *(Le ofrece un datáfono.)* El caballero, ¿pagará con tarjeta, teléfono o con reloj?

CLIENTE
(Sonriendo.) Oh, no, nada de teléfono, ya le dije antes que... En fin. Tampoco tarjeta. ¿Y reloj?

CAMARERO
Sí, ya sabe, no tiene más que acercarlo al lector de pago y...

CLIENTE
(Sacándose un reloj de bolsillo.) Como quiera, pero yo mismo puedo mirarlo y darle a usted la hora. Aquí la ve. Son las tres y media.

CAMARERO
¿Cómo dice?

CLIENTE
Las tres y media. Mire, lo siento, me gustaría estar más tiempo aquí, pero tengo que marcharme ya. Pagaré en efectivo.

CAMARERO
(Ojiplático.) ¿Qué... qué ha dicho?

Cliente

En efectivo. Ya sabe, al contado. En metálico. *(Sacando un billete y unas monedas.)* Aquí tiene.

El Camarero sale despavorido. Caen las tazas del café, se amargan los postres con grandes llantos, gritos que anuncian terribles desmayos, todo es un caos descomunal. El Gerente y el Camarero intentan mantener la calma. El Cliente deja una propina en la mesa y se va un tanto sorprendido, pero de lo más satisfecho.

Mediación (De la A a la Z)

Roberto Osa

1

Despacho del orientador en el instituto.
Los tres personajes (Orientador, Aura y Zoe) permane-
cerán en el escenario en todo momento. Los cambios de esce-
na se marcarán iluminando u oscureciendo a los personajes
en función de si participan en la escena o no.
Zoe tiene un pañuelo con el que se tapona la nariz.
Largo silencio.
El Orientador se cruza de brazos detrás de su mesa. Mira
el reloj.

Orientador
　Zoe.

No hay respuesta.

Orientador
　Zoe, tenemos tiempo. Si quieres, podemos dejarlo para
　más tarde. O puedes no contarme nada, pero yo tengo
　que dar parte, tengo que informar al consejo escolar de lo
　que he visto.

Silencio.

ORIENTADOR
Entiendo que ahora estarás en *shock*, de verdad, respira.
(Hace ejercicios como de respiración.) Vamos, repite conmigo.

ZOE *duda, pero acaba reproduciendo los ejercicios del*
ORIENTADOR *de mala gana.*

ORIENTADOR
Así, muy bien, *(Él continúa con los ejercicios de manera exage-*
rada.) respira, respira que si respiramos todo es más fácil.

2

AURA
Yo no he hecho nada.

ORIENTADOR
¿Puedes ser más concreta?

AURA
Es que no hay nada que concretar.

ORIENTADOR
¿Estás segura? Porque a mí me parece...

AURA
(Cortándole.) Siempre tengo que ser yo la mala, en plan,
que las culpas siempre me las echáis y mí.

ORIENTADOR
¿Qué quieres decir?

AURA
Pues eso, que es todo superinjusto.

Orientador
Explícate.

Aura
Si es que da igual, si es que a mí nadie me cree. Yo soy la mala y ya está.

Orientador
¿No contemplas la autocrítica?

Aura
Todo el mundo, todo el insti lo está diciendo, siempre lo dicen, que yo soy... que yo hago... Es que paso de todo, me piro de aquí.

Se levanta.

Orientador
Aún no hemos terminado.

Él también se levanta.

Orientador
¿Prefieres explicárselo al director, ¿es eso?

Silencio.

3

Orientador
Bueno, al menos parece que ya no sangra. ¿Ves? Si es que con la respiración todo mejora siempre.

Hace otra vez los ejercicios, gesticulando y animándola a continuar. Ella ya no le sigue el juego.

ORIENTADOR
En fin... Bueno, Zoe... Si te resulta más fácil, puedo empezar yo.

Silencio.

ORIENTADOR
¿Te parece?

> ZOE *se encoge de hombros.*
> *El* ORIENTADOR *se sienta y comienza a teclear.*

ORIENTADOR
(Mirando a la pantalla y tecleando.) He encontrado a Zoe Gil sangrando por la nariz en el gimnasio debido al puñetazo propinado por la agresora, su compañera Aura Montero... *(Mira a* ZOE.*)* Agresora me parece un poco demasiado, me estoy viniendo arriba, voy a tener que respirar yo también, *(Hace unas respiraciones profundas y rápidas, poniendo las manos como en postura de yoga.)* respira, respira, eso es, momento zen... Pero es que yo no puedo con la violencia, es un mal que tenemos que erradicar, personas violentas no tienen cabida en nuestra sociedad, ¿es o no es? *(*ZOE *lo mira petrificada. Cuando ve que espera una respuesta suya, asiente con rapidez. Al ver el gesto de asentimiento, da una palmada.)* Claro que sí, hermana, yo sí te creo.

4

ORIENTADOR
(Con el teléfono en la mano.) Voy a tener que llamar a tus padres...

AURA
Pues suerte.

ORIENTADOR
¿Suerte? ¿Eso es lo que se te ocurre decir después de lo que has hecho?

AURA *está cabizbaja. Tiene los brazos cruzados sobre el estómago.*
Pausa.

AURA
¿No ibas a llamar? Pues llama *(El* ORIENTADOR *asiente, se lleva el teléfono a la oreja.)* Pero si vas a llamar con tu móvil, te advierto de que mi madre está en Nueva York.

El ORIENTADOR *cuelga inmediatamente.*

ORIENTADOR
Mejor llamo a tu padre entonces.

Busca el número y vuelve a llevarse el teléfono a la oreja.

AURA
(Para sí, pero lo bastante alto como para que lo escuche también el ORIENTADOR.*)* No lo va a coger.

ORIENTADOR
(Después de unos segundos.) No contesta.

AURA
Te lo he dicho.

ORIENTADOR
¿Qué me has dicho?

AURA
Que no lo iba a coger.

ORIENTADOR
Vaya novedad.

AURA
Eso digo yo.

ORIENTADOR
No, no te equivoques, ¿eh? Me estoy refiriendo a lo que dices, los... las... la gente que hace cosas como las que tú has hecho luego son cobardes... Dicen que no llames a sus padres...

AURA
Yo no he dicho eso, he dicho...

ORIENTADOR
Que me da igual, que me da igual. Si es que ese no es el caso. No te escondas, te va a dar lo mismo. ¿Te das cuenta de lo que estamos hablando?

AURA
No sé... En plan...

ORIENTADOR
Violencia. Estamos hablando de violencia en un centro educativo. Es intolerable. Ni yo ni el centro vamos a permitir estas actitudes violentas, esta agresividad... De ninguna manera, esto se ha acabado. Lo tengo todo aquí. *(Levanta un papel y lee.)* «He encontrado a Zoe Gil sangrando por la nariz en el gimnasio debido al puñetazo propinado por su compañera Aura Montero...». *(Levanta los ojos del papel y habla mirando hacia arriba.)* Y he quitado la palabra agresora, la he quitado porque el lenguaje es violento. Quiero decir, también puede ser violento. Y yo no soy violento, así que lo he quitado, ya me puedes dar

las gracias, si es que soy muy blando, eres demasiado blando, me decía mi madre... Pero no. Yo lo que soy es sensible. Y empático. Y solidario...

AURA
Me encuentro fatal.

ORIENTADOR
... y con estas herramientas ayudo a construir un instituto mejor para todas, donde se escucha a todas...

AURA
Voy a vomitar.

ORIENTADOR
... donde ni la violencia ni los violentos tienen cabida... ¡Y donde prima la verdad de las víctimas!

AURA *agarra con rapidez una papelera y vomita.*

5

ORIENTADOR
Puedo llamar a tus padres para que vengan a recogerte, no es necesario que te quedes el resto de la jornada aquí.

ZOE *asiente. Se retira el papel de la nariz, comprueba que ya no sangra y lo lanza a la papelera.*

ORIENTADOR
Tienes que entender que estamos contigo, que no toleramos las mentiras, ni la violencia y vamos a seguir persiguiendo actitudes como la de... la de... *(Mira al vacío, pensativo.)* Qué cabeza tengo, se me ha olvidado su nombre...

ZOE
Aura.

ORIENTADOR
Aura, eso es, Aura. Con la guerra que da no sé cómo se me ha podido olvidar. Pero, ay, amiga, el aura puede ser buena o mala. Quiero decir, que el aura de esta chica, en fin... Pero mira, lo importante es lo importante y ahí no se me escapa una, Zoe, no se me escapa una, soy el Sherlock Holmes de este maldito centro, siempre indagando y haciendo justicia.

Busca el asentimiento de AURA, *pero ella no entiende.*

ORIENTADOR
No sabes quién es Sherlock Holmes, ¿verdad? No importa.

6

AURA *sigue agarrada a la papelera, que tiene en su regazo.*

ORIENTADOR
Con ese pasotismo vas por mal camino, ya te lo advierto. Ni al director, ni al consejo escolar, ni a la víctima les gusta tu actitud, no vamos a tolerar que hagas...

AURA
¿Qué es lo que he hecho?

Suena el teléfono del ORIENTADOR.

ORIENTADOR
(Al teléfono.) Sí, todo solucionado. Un caso de agresión de manual, vamos, de la A a la Z. *(Pausa.)* Se van a aplicar

las medidas pertinentes y la expulsión será inmediata. *(Pausa.)* Faltaría más, aquí se escucha a todo el mundo y prima la objetividad del observador, o sea yo, que está mal que lo diga, pero la sensibilidad a la hora de entender a todas las partes lleva años siendo mi seña de... *(Mira el teléfono.)* ¿Pues no va y me cuelga? Qué poca empatía. *(A* AURA.*)* Tú ya te puedes ir largando. Y llévate esa papelera.

AURA *se levanta despacio, con la papelera en las manos. Camina despacio hacia la salida. Justo antes de salir, se dirige al* ORIENTADOR.

AURA
Solo una cosa.

El ORIENTADOR *se gira para mirarla.*

AURA
¿Usted me ha visto a mí dar ese puñetazo del que habla en el parte?

El ORIENTADOR *va a empezar a hablar, pero algo dentro de sí parece frenarlo.*
Se queda pensativo. AURA *sale.*
Silencio.

7

AURA *está sentada en el suelo con la papelera aún entre las manos.*
ZOE *entra desde el otro extremo, dando pasos tranquilos. Se detiene a unos metros de* AURA *y la observa.* AURA *levanta la cabeza un segundo y rápidamente la baja de nuevo.*

ZOE *empieza a reírse, al principio una risa floja, pero poco a poco se va volviendo más fuerte, hasta convertirse en una risa estruendosa y tétrica.*

El escenario se oscurece de golpe, pero seguimos escuchando la risa de ZOE.

Fin.

LA OTRA MEJILLA

Francisco Ramírez

La ABUELA *lee un libro. El* NIETO *construye un barco con pequeñas piezas de colores.*

NIETO
  Abuela…

ABUELA
  Qué.

NIETO
  ¿Cuánto medía mi padre con mi edad?

ABUELA
  Y yo qué sé. Ya no me acuerdo.

NIETO
  ¿Era alto?

ABUELA
  ¿Alto? Era un tapón. Un retaquito. Gordo y bajito.

NIETO
  Abuela… Dime la verdad.

Francisco Ramírez

ABUELA

No te miento. Creo que era hasta más bajo que tú.

NIETO

¡Pero si es muy alto!

ABUELA

Ahora. Dio un estirón enorme con quince años.

NIETO

¿Y a mí me puede pasar lo mismo?

ABUELA

Pues claro… Pero ¿a qué viene todo esto? ¿Qué te ha pasado en el instituto?

NIETO

Nada.

ABUELA

Nada, no. Mírame. ¿Otra vez esos gamberros te han insultado? ¿Te han pegado? ¿Te han quitado algo de la mochila? ¿Otra vez te han llamado «bebé foca» como el otro día?

El NIETO *la mira y sigue construyendo el barco.*

ABUELA

¿Qué? No voy a parar hasta que me lo digas. ¿Qué ha sido esta vez? ¿«Pringao», «bebé foca»?

NIETO

No. Hoy sólo me llamaron «niño rata» y «enano»… No me dejan jugar al baloncesto ni al fútbol. Me dicen que los enanos deben jugar con Blancanieves. Y me llaman Mudito porque no les respondo.

ABUELA
Y haces muy bien en no responderles a esos gilipollas.

NIETO
¡Abuela!

ABUELA
Es que lo son... Ni eres enano ni eres un gallito de mierda y sin educación. Ellos sí que son animales sin dueños ni correas.

NIETO
Abuela, estás diciendo muchas palabrotas.

ABUELA
Las digo porque puedo decirlas. Para eso las tenemos en la lengua: para utilizarlas cuando la situación lo requiere. ¿Sabes qué es lo que pasa? Que tú eres un novato. Es tu primer año en el instituto y ellos son repetidores de segundo curso que están ahí por obligación y para dar por culo en todas las clases. Por eso, se aprovechan de ti y de todos los que son como tú: Buenos alumnos y buenas personas. Y si te dicen... ¿cómo era? ¿Otako?

NIETO
Otaku.

ABUELA
Pues eso, otaku. Ellos sí que tienen un taco de madera en lugar de un cerebro dentro de la cabeza. Te digan lo que te digan, tú como si oyeras llover. Ahora que todo tiene un límite. Y lo que no voy a permitir es que te haga algún daño esa mancha de gilipollas.

NIETO
Abuela, hoy tienes la lengua muy suelta.

ABUELA

La tengo como hay que tenerla en estos casos... Pero ¿qué está pasando en los colegios y en los institutos? Esta sociedad va de mal a peor... Los maestros y los profesores no deben consentirle a ese tipo de alumnos tantas libertades y tantas faltas de respeto. Y menos aún que acosen a otros compañeros.

NIETO

Se llama *bulling*, abuela.

ABUELA

Se llama poca vergüenza y golfería. Así es como se llama. Ya sé que lo llaman *bulling*. Yo lo llamo acoso y cobardía. Nunca se acercan a alguien más fuerte y con más edad que ellos. Qué valientes. Tontos de mierda, eso es lo que son.

NIETO

Si no me hicieron nada...

ABUELA

Te insultaron.

NIETO

Me dijeron que yo *daba covid* y que era *un carencias*.

ABUELA

¿Y eso que quiere decir?

NIETO

Que doy asco y que soy torpe o estúpido.

ABUELA

¿Y entonces ellos que son? ¿Catedráticos y eminencias?

NIETO

Luego me empujaron... Y me tiraron al suelo el bocadillo.

ABUELA

¿Y te parece poco? El lunes voy al instituto y hablo con el director.

NIETO

No, Abuela. Los castigarán y luego irán a por mí. Me harán la vida imposible... Por favor, no vayas.

ABUELA

Vale, vale. No iré. Por ahora... Pero alguien tiene que pararles los pies a esos gilipollas.

NIETO

Dos no riñen si uno no quiere, abuela.

ABUELA

Sí. Eso te digo siempre. Y Jesucristo dijo que pusiéramos la otra mejilla. Pero todo tiene un límite. Y a lo mejor, en lugar de poner la otra mejilla, un día hay que mostrar un puño. O los dos. ¿Y sabes por qué? Por una sencilla razón, rey mío. Cuando uno se harta de bofetadas, acaba dando la bofetada más fuerte. No me gusta la violencia. Siempre te he enseñado que para algo están las palabras.

NIETO

O callarse, abuela.

ABUELA

Sí. Ante la estupidez humana, es mejor el silencio. O ignorar a esos imbéciles...¿Sabes lo que te digo? Que el tiempo pone a cada uno en su sitio. Así que tú sigues como vas, por tu camino, y ellos...Ellos que se vayan a tomar por culo.

NIETO

¡Abuela!

ABUELA

A palabras necias, oídos sordos… Aléjate de ellos. Cuando los veas venir, cambia tú el rumbo.

NIETO

Ya lo hago, pero me buscan.

ABUELA

Entonces, tendré que ir a hablar con el director o con el jefe de estudios.

NIETO

No, por favor. No quiero que vayas…Voy a defenderme… con las palabras.

ABUELA

Y si hace falta les enseña los dientes y los puños a esos tontos de mierda.

NIETO

¡Abuela!

ABUELA

De abuela, nada. Una cosa es ser bueno y otra cosa es ser tonto.

NIETO

¿Mi padre se defendía?

ABUELA

Tu padre era como tú. Hasta que se hartó y vino un día del instituto con un ojo morado. Se defendió y le dio un puñetazo al cabecilla. Desde entonces, se alejaron de él y lo dejaron tranquilo.

NIETO

¿Te lo estás inventando?

ABUELA

Sí. No era tu padre. Fui yo.

NIETO

¿Tú?

ABUELA

Fue en el colegio. Yo era gordita. Gorda. Y bajita. Y llevaba unas gafas con unos cristales que eran culos de botellas... Lo más bonito que me decían era «gorda», «cuatro ojos», «vaca»... Y me harté. Y no puse la otra mejilla. Puse dos bofetadas y un tirón de pelo. Y las niñatas esas dejaron por fin de molestarme y de hacerme la vida imposible... Luego, yo fui adelgazando y creciendo. Y cambié las gafas por lentillas. Y ellas fueron engordando y llevando unas gafas horrorosas.

NIETO

Abuela...

ABUELA

Qué.

NIETO

Eres la más guay del mundo.

ABUELA

Soy tu abuela... Y las abuelas somos la hostia.

NIETO
¡Abuela!

ABUELA
Bueno... Somos un espectáculo. Divinas... Por cierto, guapo jovencito, ¿sabes lo que tengo?

NIETO
Qué.

ABUELA
Una sorpresa.

NIETO
¿Cuál?

ABUELA
Dos entradas.

NIETO
¿Para el cine?

ABUELA
No. Para el teatro.

NIETO
No me gusta el teatro, abuela.

ABUELA
Porque lo has probado poco.

NIETO
Prefiero ir al cine.

ABUELA
Vale. Vamos mañana. Pero hoy, que es viernes, iremos al

teatro. Te va a gustar... Yo leí la obra hace tiempo. Hasta la vi una vez representada por un grupo de actores aficionados. Pero hoy vamos a verla en carne y huesos en el Teatro Lope de Vega. Con actores profesionales del Centro Dramático Nacional.

Nieto
Es que yo me aburro.

Abuela
Bueno, está permitido aburrirse... Pero no te va a dar tiempo.

Nieto
¿Y cómo se titula?

Abuela
Fuenteovejuna.

Nieto
¿Fuenteovejuna?

Abuela
Sí. *Fuenteovejuna,* todos a una.

Nieto
Y eso, ¿qué quiere decir?

Abuela
Cuando la veas, lo entenderás.

Nieto
Seguro que es un aburrimiento.

Abuela
Seguro que no.

NIETO
¿Y si llamo a mi padre para que me recoja?

ABUELA
De eso, nada. Tú vives conmigo y hoy vamos al teatro. Ya
se lo he dicho a tu padre.

NIETO
Pues me pongo en *modo sad on*.

ABUELA
¿En qué?

NIETO
En modo triste.

ABUELA
Me da igual como te pongas. Mañana vamos al cine. Pero
hoy toca teatro. Y te va a gustar... Porque aquí, ganan los
buenos. Y los maltratadores y los acosadores reciben su cas-
tigo... Así que vamos a arreglarnos que ya es casi la hora.

Mientras se van acicalando para acudir al teatro.

NIETO
Vamos con una condición.

ABUELA
¿Cuál?

NIETO
Si me aburro, ya no me llevas más al teatro en cinco años.

ABUELA
O en diez... Pero ganaré yo. No vas a aburrirte. Te lo aseguro. Menuda es *Fuenteovejuna, todos a una*.

NIETO
Pero ¿por qué todos a una?

ABUELA
Porque a veces hay que rebelarse contra el abuso de poder para que te dejen vivir en paz. Para que no te acosen ni te machaquen los que son más fuertes.

NIETO
¿Y de eso trata *Fuenteovejuna*?

ABUELA
Bueno, en cierto modo, sí. De eso. Y de otras cosas.

NIETO
¿De qué?

ABUELA
No preguntes por saber que el tiempo te lo dirá, que...

NIETO
(*Imitándola.*) Que no hay cosa más bonita que saber sin preguntar.

ABUELA
¿Estás imitándome, en plan, hay que burlarse de la abuela?

NIETO
¿Has dicho *en plan*?

ABUELA
No he dicho que cada día te quiero más que ayer y menos que mañana. (*Le da un beso.*) Y ahora en la otra mejilla. Y vámonos, que ya es tarde.

NIETO
Abuela…

ABUELA
¿Qué?

NIETO
Que no eres una abuela normal.

ABUELA
Pues claro que no. Soy subnormal.

NIETO
¡Abuela!

ABUELA
Bueno, digamos que soy una abuela estupenda. Un poco loca, pero estupenda.

NIETO
Tú eres una abuela… *full.*

ABUELA
Mucho cuidado con insultarme, jovencito…Pero, sí, soy *full-full.*

The end?
Yes.

¡PARANOICA, TÚ!

Teresa Ruiz Velasco

MELA *es una joven «influencer» de dieciséis años y diez millones de seguidores en TikTok. Su estilo de baile y su facilidad para hacer canciones le han llevado a ser una de las figuras más destacadas de esta red social. Está sentada en un camerino para una entrevista en un programa de gran audiencia. Lleva un protector encima de su ropa. Un móvil está sujeto con un dispositivo y encima de una mesa. Habla indistintamente al teléfono como a la persona que le está maquillando, una mujer que hace su labor rápida en el ojo derecho de* MELA. *Cuando termina,* MELA *se mira detenidamente en el espejo.*

MELA
(*A la maquilladora.*) ¡Tía, la raya del derecho está torcida! ¡No puedo grabar con esta pinta!

MAQUILLADORA
Yo la veo bien.

MELA
(*Al móvil.*) ¡Qué fuerte, *ties*! La pava esta que dice que está recta la línea del derecho. ¿En serio? ¡Mirad *vosotres*. (*Se acerca el rostro a la cámara.*) ¡No puedo, no puedo con esto! (*A la* MAQUILLADORA.) ¿En verdad piensas que puedo salir así por pantalla?

197

MAQUILLADORA

(Nerviosa.) Espera. Te lo quito en un momento y la vuelvo a hacer. Será un minuto…

MELA

¿Un minuto? ¡Un minuto, tía! ¡Un minuto es toda una vida! *(La* MAQUILLADORA *se vuelve para buscar un algodón.)* ¿Qué has dicho?

MAQUILLADORA

Que te vuelvo a hacer la raya.

MELA

¡No! ¡Después! ¡Has dicho algo después!

MAQUILLADORA

No… no he dicho nada más.

MELA

(Al móvil.) Lo habéis oído *vosotres,* ¿a que sí? ¡Ha dicho algo! Malo, seguro.

MAQUILLADORA

De verdad que no. *(Se dirige al teléfono de* MELA.*)* ¡Os juro que no he dicho nada!

MELA

(Apartándola.) ¡Eh! La cámara es mía. ¡No te atrevas a ponerte delante! Son mis seguidores… Seguidoras… *«Seguidoris»…* Bueno, es igual… No vuelvas a decir nada. ¡Y quítame la raya de una puta vez!

MAQUILLADORA

Sí, enseguida. Perdona… *(Se da la vuelta.)*

MELA

(Al móvil.) Se cree que no la he oído. Ha dicho algo, a lo *bajinis*. Eso, *cariñes*, es en-vi-di-a. Y es que ¡qué pereza, *tíes*! En cuanto triunfas en la vida, tratan de hacerte la *life* imposible. Hacedme caso: terminad el bachillerato y haceros *tertulianes* de televisión. Se sufre menos. *(*MELA *se vuelve violentamente hacia la* MAQUILLADORA.*)* ¡Y para ti otra!

MAQUILLADORA

¿Qué?

MELA

¿Cómo que qué? ¡Acabas de decir que me comiera una mierda! Esta vez te he oído. *(Se incorpora y se mira al espejo.)* ¡Y la raya del izquierdo también está mal!

MAQUILLADORA

¡No he abierto la boca! Y todavía no he hecho la raya del izquierdo.

MELA

¡Ah, claro! Ahora resulta que estoy loca. *(Al móvil.)* *Chiques*, ¡estoy loca! Mirad mis párpados. Uno con una raya, otro con un borrón y me manda a la mierda, cla-ri-si-si-ma-men-te. ¡Y soy yo la que está loca! *(A la* MAQUILLADORA.*)* ¡Vete! ¡Que venga otra! ¡No quiero que me toques! ¡Largo! ¡Que venga mi repre!

La MAQUILLADORA *sale corriendo.* MELA *se quita el protector y se dirige al móvil.*

MELA

¡Ay, *cariñes*! Así es mi vida. Todo el día lidiando con incompetentes. Gracias por *vuestres corazoncites*. *I love you all!* *(Hace el gesto de corazón.)* Desde un triste camerino de una triste cadena de televisión, os dedico mi última canción. *(Coloca el teléfono sujeto con un dispositivo encima de la mesa, pone música y enfrente a él se pone a bailar y cantar.)*

A pesar de la envidia que doy,
la vida no es fácil para mí.
El mundo está contra mí.
Y no lo voy a permitir.
Porque a Mela, Mela.
Todo se la Pela, Pela.

MELA

(Tira besos a la cámara.) Bueno, todo ¡no! *Vosotres*, no. Sois *bizcochites de amore.* ¡Por eso os quiero! *(Hace un corazoncito.) I love you! Kiss, Kiss…* Y quiero compartir un notición con *vosotres.* Sí, un *secrete* in-cre-í-ble. ¿O lo digo? ¿O espero a la otra maquilladora?... ¡Os lo digo! Hoy, today, aujurd...ayurd... ¡no puedo con el francés! Es tan rancio... bueno, Hoy, hoy... ¡Me Voy A Ir A Vivir Con Mi Chico! Y por eso estoy, soy, tan, tan... feliz. Él no lo sabe todavía. Será una Sor-Pre-Sa. *Supermaravillose…* Ya veo que os ha encantado. Voy a hacer otra sección nueva: *My life con my love! (Se ríe.)*

Entra MARIVÍ, *madre de* MELA.

MARIVÍ

¿Qué pasa, cariño? ¿Qué te ha hecho la bruta esa? Ya he dicho a producción que venga otra maquilladora más amable.

MELA

¡Mamuchi, *amore*! Me ha tratado fatal. Me ha dejado rayas en los ojos que parecían cruces. Ideal que la hayas echado. *(Al móvil.)* ¡Chiques! Ésta es mi mamuchi. ¡Saluda, mami! Mi mami es mi repre. ¿Quién mejor? Además, ella fue la que me animó a hacer mi primer TikTok. ¿Verdad que sí, mamuchi? Mami, *elles* han sido *testiges* del trato que he sufrido. Me han apoyado mucho... Por eso, han sido *les primeres* en saber que me voy a vivir... Con Mi Chico... *(Aplaude.)* ¡Uuuh, uuuh! Voy a inventar una canción...

MARIVÍ
Pero, nena, si sólo tienes dieciséis años... ¿Y de qué chico estamos hablando?

MELA
¿Cómo que de qué chico estamos hablando? De Mí chico.

MARIVÍ
Nena, creo que deberías despedirte por hoy de tus seguidores.

MELA
¡Me despido cuando me da a mí la gana! *(Al móvil.)* Mi propia madre oponiéndose a *my love.* ¿Os lo podéis creer?

MARIVÍ
Cariño, mejor lo hablamos luego. Ahora hay que concentrarse en la entrevista que te van a hacer.

MELA
¡No! No puedo desatender a... *(Mirando el móvil.)* ciento cincuenta mil personas.

MARIVÍ
¿Ciento cincuenta mil?

MELA
Ciento cincuenta y dos mil. Y subiendo...

MARIVÍ

¡Qué barbaridad!...

MELA

¡Y mira!, «Gatita solitaria» dice que «*si está en contra de tu love, vete de casa*». ¡Gracias, gracias «Gatita solitaria»! Kiss, Kiss...

MARIVÍ

Yo no estoy en contra de nada. Lo único es que tú... no tienes chico.

MELA

What!! ¿Me estás diciendo que me lo he inventado? *(Al móvil.)* ¿Qué os había dicho? ¡Nadie, nadie quiere mi felicidad! *(Vuelve a bailar y cantar.)*
Todo el mundo está contra mí...
Pero a Mela, Mela
Todo se la Pela, Pela.

MARIVÍ

(Agarra el móvil de MELA.*)* ¡Ay, Dios!... ¡Trescientos mil y subiendo!... Verás, Mela, *chiques*, ayer, Luchi, la hermana mayor de Mela, nos comentó que se iba a vivir con su chico. A lo mejor has pensado que eres tú la que se iba a vivir con tu chico... que, por otra parte, no tienes... no tienes... chico. *(Al móvil.)* A veces, cuando Mela, está muy estresada, tiene paranoias de esas.

MELA

Mamá, ¿me estás llamando loca?

MARIVÍ

No, no. Solo... Solo un poco... ¿grillada? *(Mirando el móvil.)* ¡Un millón!...

MELA

¿Y no es lo mismo?

MARIVÍ

¡Qué va! Grillada es que estás muy... estresada y debes parar un poco. Mira, tengo aquí una pastilla que te tranquilizará un poquito, ya verás. Y luego, estarás como nueva. *(Enseña una pastilla al móvil.)*

MELA

Sí, sí que estoy estresada. Es mucho trabajo. Estoy a-g-o-t-a-d-a. *(Al móvil.)* Querides, ya lo habéis oído. Estoy grillada, que es solo estrés... Me tomo la pastilla y voy a descansar un poco. Luego me veis y os cuento si ya me he desgrillado y que tal me encuentro. ¡Chaíto! Pon tus likes aquí. Chao, chao...

MARIVÍ

¡Has cortado! Pero si había un millón en línea...

MELA

Hay que dosificar, ¿sabes? No puedes darlo todo en un solo día.

MARIVÍ

¿Y lo del chico?

MELA

Se me ocurrió ayer con lo de Luchi.

MARIVÍ

Por un momento, me habías asustado.

MELA

Escucha, me voy a quedar tranquilamente en el sofá. Sales

tú y dices eso de que estoy muy estresada y que me has tenido que dar un tranquilizante. Que, como soy una PAS...

MARIVÍ
¿PAS?

MELA
Persona Altamente Sensible. Y estás muy preocupada por mí. Que no duermes. Que te gustaría tanto que yo fuera una adolescente normal y corriente, y tal y tal. Seguro que habrá alguien que te aconsejará y te dice lo que tienes que hacer.

MARIVÍ
¿Seguro?

MELA
Mamá, en estos programas, todo el mundo sabe de todo. Y si no, conoce a alguien que ha pasado por lo mismo... Oye, lo de la paranoia me ha encantado. Y lo de darme la pastilla, ideal. Ya tengo tema para las próximas semanas.

MARIVÍ
Me ha venido así, de pronto. De pequeña tenía mucha imaginación.

MELA
Tienes que renegociar lo de la publicidad. Un millón de personas a la vez, son muchas personas.

MARIVÍ
¡Y subiendo...! Oye, ¿qué te parece que les digas que tu novio se ha enamorado de tu hermana y que...

MELA
¡Mamá! ¡Por favor! No te vuelvas tú ahora paranoica.

CREO QUE ES ELLA

David Salmerón

Dos mujeres jóvenes – UNA *y* OTRA – *alternan sus monólogos interiores.*

UNA
Creo que es ella.

OTRA
Creo que es ella.

UNA
Sí, es ella. Aún estoy lejos, y desde luego su aspecto ha cambiado mucho. Pero no sé, imagino que cuando dos personas comparten años de escuela, y años de secundaria, algo de ellas queda tan clavado en tu memoria que puedes reconocerlas aunque no se parezcan a las que fueron.

OTRA
Está lejos, y muy desmejorada, pero es imposible no reconocerla. ¿Cómo podría olvidarla? Hay caras que nunca olvidas. Hay personas a las que nunca olvidas. Imagino que sus caras se quedan tan grabadas en tu recuerdo que no puedes olvidarlas por mucho que quieras.

UNA

Sí, está claro que es ella. Qué situación más incómoda. Como si estar en esta cola no fuese ya suficiente trago, tengo además que encontrarme con ella. No la había visto antes aquí.

OTRA

No puedo decir que me apetezca mucho verla. Después de todo un día de trabajo estoy agotada. La primera vez que hago turno doble y justo me encuentro con ella.

UNA

Unos cuantos pasos más. Ha cambiado bastante, la verdad. Tanto que creo que nadie más de la clase la reconocería. Desde luego, ninguna de las otras. De las nuevas.

OTRA

La cola se acerca poco a poco. ¿Y por qué este impulso de salir corriendo? Cuando pienso en aquellos años, siempre me digo que ya he cambiado. Que soy otra persona. Otra persona fuerte y distinta. Sin miedo.

UNA

¿Debería saludarla? ¿O quizás es mejor hacer como que no la reconozco? ¿Me habrá reconocido ella? ¿Y si me dice algo? Pero ¿por qué le doy tantas vueltas? ¿A qué tantos nervios? Ya no somos unas crías. Somos adultas, ¿no?

OTRA

Lo que me pide el cuerpo es ignorarla. Hacer como que no la he reconocido. Pero también me pide todo lo contrario: mirarla a los ojos y preguntarle si me reconoce. ¡Dios! Qué vengativo, qué infantil. Que ya hemos crecido. ¿No?

UNA

Sí, le doy demasiadas vueltas. Eran cosas de crías. Le

pasa a todo el mundo y todo el tiempo. Y además yo ni siquiera era una de ellas. Ellas sí eran malas. Seguro que sabe que yo no era así. Seguro que sabe que más de una vez estuve de su parte.

OTRA
Creía que estaba de mi parte. Creo que eso es lo peor. Que era mi amiga. O por lo menos lo fue antes de que llegasen las nuevas.

UNA
No pasa nada: actúa con naturalidad. Somos... bueno, hemos sido amigas desde siempre, desde pequeñas, ya en el parvulario. Y en primaria. Luego, en secundaria... es verdad que nos distanciamos un poco. Es lo que pasa cuando conoces gente nueva.

OTRA
No me importaban las nuevas. Hubiese podido seguir mi vida por mucho que me fastidiasen. Hubiese podido enfrentarme a ellas. Sólo con tener a mi amiga a mi lado. Con que no me hubiese fallado.

UNA
Claro, visto ahora es fácil. Cuando eres adulta te das cuenta de lo absurdamente que te deslumbraste. De cómo las admirabas. No eran nadie, eran ridículas. Pero parecían superiores. Interesantes. Y todos queríamos ser como ellas.

OTRA
No me importaba no ser parte de ellas. No me importaba ser interesante. No lo necesitaba. Sólo necesitaba poder seguir siendo yo. Y que me dejasen en paz.

UNA
No puedo seguir bajando los ojos. Estamos a pocos

metros y será sospechoso que no la mire. Eso es lo que hacen las personas normales, ¿no? Mirarse cuando están cerca. Pero también es verdad que no es raro que las personas en mi situación vayan con la mirada baja.

OTRA
Está ya muy cerca. Y sigue con la mirada gacha. No es la única de la cola que esconde la mirada, suele pasar. Pero me hace recordar cómo ella la ocultaba entonces. En aquellos días. Cuando yo la miraba, pero ella apartaba sus ojos de los míos.

UNA
Me habría gustado explicárselo. Lo habría entendido, seguro. Yo, de haber estado en su lugar, lo habría entendido. Lo haces sin mala fe. Por pura supervivencia. Porque es mejor estar en un lado que en el otro.

OTRA
Supervivencia, dicen. Que el instituto es una guerra, añaden para justificarse. Y que para sobrevivir es mejor ser parte de la multitud. Ser normal. Una más. No ser la rara. La solitaria. La víctima. Que si alguien debe serlo, que sea otra. Que sea yo, por ejemplo.

UNA
Pero es que hoy día sacamos las cosas mucho de quicio. Enseguida lo etiquetamos todo con palabras graves y serias. Agresor. Víctima. Por favor: todos hemos sido críos y no lo vivíamos así. Eso era normal. Nadie se sentía agresor, ni víctima. Ni cómplice.

OTRA
Cuando dices «cómplice» piensas en chicas vigilando el pasillo mientras a otra le vacían la mochila en clase o pintan insultos en la pizarra. Dices «cómplice» e imaginas a

unas que te sujetan para que te peguen. O que ríen cuando las demás te arrancan de las manos el libro que leías. Pero no hace falta tanto. Para ser cómplice basta con callar.

UNA

Sí, mejor me callo. Eso es: como si no la conociese. Todo esto son paranoias mías. Seguro que ni siquiera se acuerda. No fue para tanto.

OTRA

Podría callarme, claro. Es lo que haría cualquiera. Dejar las cosas pasar. ¿Qué más da a estas alturas? ¿Qué vamos a solucionar? Pero... ¿no he dicho que callar te vuelve cómplice?

UNA

Vale. Le diré algo. Sí, eso es. Normalidad. «Hola». O «cuánto tiempo». O «qué sorpresa». Pero es que no. No es ninguna sorpresa. Siempre fue buena persona. Mucho mejor que yo. *(Pausa.)* Es normal que me la encuentre trabajando aquí.

OTRA

Sí, seré neutra. Como con los demás. Le daré la bolsa. Le diré que le aproveche. Le sonreiré. Como a una más. Como a otra más de las que no han tenido suerte en la vida.

UNA

Supongo que al final la vida te coloca en el lugar que mereces. O que te recompensa. O que cosechas lo que siembras. Hay tantos modos de decirlo. Seguro que ella, que tanto leía, sabría cómo llamarlo.

OTRA

Sería justicia poética. Que yo ahora le dijese todo lo que pienso de ella y preguntarle que dónde están ahora sus amiguitas. Que a quién tiene a su lado en los momentos

de necesidad. Que por qué me dejó sola en mis momentos de necesidad. Que cómo le sentaría que yo, ahora, la dejase sola en sus momentos de necesidad.
Pero no.
No lo haré.
Porque no soy ella.
Creo que no soy ella.

Silencio. UNA y OTRA se acercan. Las últimas intervenciones ya no son apartes, sino diálogo.

UNA
Buenas noches.

OTRA
Buenas noches. Su paquete con la cena. Y en esta otra hay pasta de dientes y gel para usar la ducha. Recuerde que a las once hay que estar en la cama y a las ocho debe haber abandonado el refugio. Le daremos una bolsa con el desayuno.

UNA
Lo sé. Vengo todos los días. Gracias.

Silencio. Pausa. Se miran. ¿Puede ser que alguna de ellas vaya a añadir algo más?

UNA
Creo que...

OTRA
(Haciéndola callar con una sonrisa.) ¡Shhhh!

No hay palabras. Se abrazan.

Telón.

VALIENTE

Beatriz Velilla

Salón de una casa. Un chico está sentado en el suelo, la cabeza entre las rodillas.

PADRE

(En off.) Repitiendo bachillerato y se atreve a venir con esas notas. Y que tenga que llamarnos el director ya esto es el colmo.

MADRE

(En off.) No fue culpa suya. Le pegaron y se defendió.

PADRE

(En off.) Lo saco del colegio y lo pongo a trabajar. Se va a enterar ese de lo que es bueno. ¿Y tú, qué? ¿No le dices nada? Es culpa tuya que sea tan gandul. Toda la vida le has consentido todo.

MADRE

(En off.) Con decir que es culpa mía lo arreglas todo.

Entra la MADRE *en el salón, con algodón y Betadine.*

MADRE
 ¿Qué ha pasado?

HIJO
 Nada.

MADRE
 ¿No me lo quieres contar?

HIJO
 No.

MADRE
 No ha sido por las notas, ¿verdad?

 El HIJO *niega con la cabeza.*

MADRE
 ¿Por qué os pegasteis?

HIJO
 Por nada.

MADRE
 Os pegasteis por nada, ya veo. *(Mientras le cura la herida.)* Cariño, me puedes contar todo, no hay nada que digas que pueda hacer que yo deje de quererte.

HIJO
 ¿Y papá?

MADRE
 Papá… ya sabes cómo es. No se lo tengas en cuenta. ¿Por qué os pegasteis?

HIJO
Se metieron conmigo.

MADRE
¿Quieres contarme por qué se metieron contigo?

El HIJO *asiente.*

MADRE
¿Estaba Carlos contigo cuando te pegaron?

HIJO
Sí, pero no hizo nada.

MADRE
Ya.

HIJO
Mamá, él no hizo nada. *(Abatido.)* Eso me dolió más que los golpes.

MADRE
Igual él también tiene miedo.

Pausa. El HIJO *la mira sorprendido.*

MADRE
A menudo no es fácil defender a tu amigo delante de los demás.

HIJO
Ya.

MADRE
No le culpes por ello.

Hɪᴊᴏ
No, si no le culpo, solo que me da pena.

Mᴀᴅʀᴇ
Seguramente pensaría que si lo hacía, que si te defendía, él iba a pasar por lo mismo.

Pausa.

Mᴀᴅʀᴇ
¿Quiénes fueron?

Hɪᴊᴏ
Qué más da.

Mᴀᴅʀᴇ
Es verdad. Qué más da.

Pausa.

Mᴀᴅʀᴇ
Hay que ser muy valiente para defenderse como tú has hecho.

El Hɪᴊᴏ mira a la Mᴀᴅʀᴇ a los ojos.

Mᴀᴅʀᴇ
¿Por qué se meten contigo?

El Hɪᴊᴏ calla.

Mᴀᴅʀᴇ
Me gustaría que me contaras por qué se meten contigo.

Hɪᴊᴏ
(Agresivo.) ¡Adivínalo tú!

Madre
No. Quiero que me lo digas tú. Seguramente yo ya lo sé.

La Madre *hace ademán de irse. El* Hijo *la interrumpe.*

Hijo
¿Lo sabes?

Madre
(Sentándose al lado del Hijo.) Nadie puede conocerte mejor que tu propia madre.

Hijo
Supongo.

Madre
¿Es porque te gustan los chicos?

El Hijo *asiente.*

Madre
Cariño, sé desde hace mucho tiempo que eres gay.

Hijo
¿Lo sabías?

Madre
Claro, cielo, pero quería oírtelo decir.

Hijo
Lo siento, mamá.

Madre
¡No hay nada que sentir! Hay que ser muy valiente para aceptarse como uno es.

El Hijo *llora.*

MADRE
A menudo te imagino de mayor con una familia, y esa familia nunca la formas con una mujer.

La MADRE *acaricia al* Hijo.

Hijo
¿Se lo vas a decir a papá?

MADRE
Solo si tú quieres que lo haga.

Hijo
No, lo haré yo.

Se abrazan.

Oscuro.